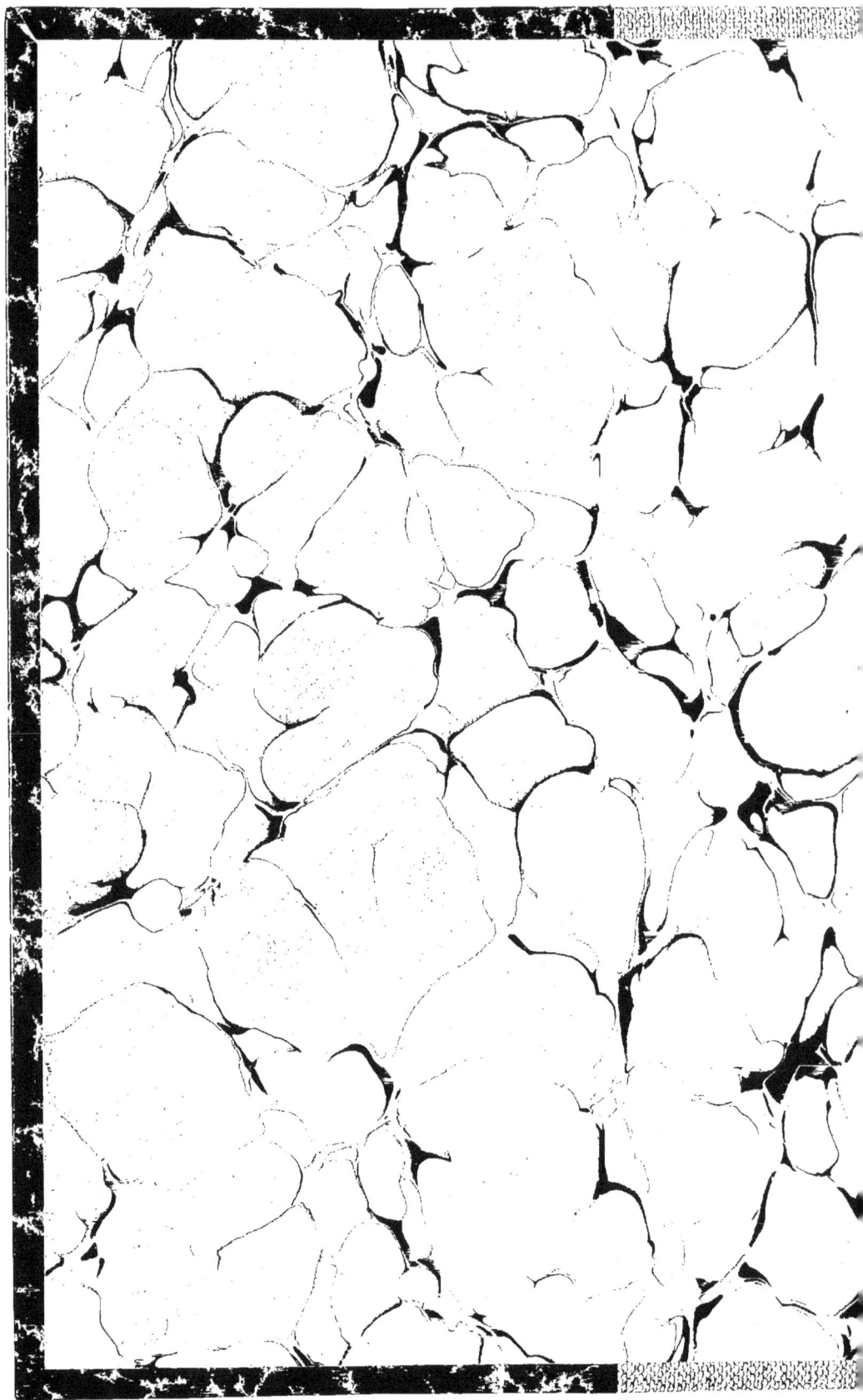

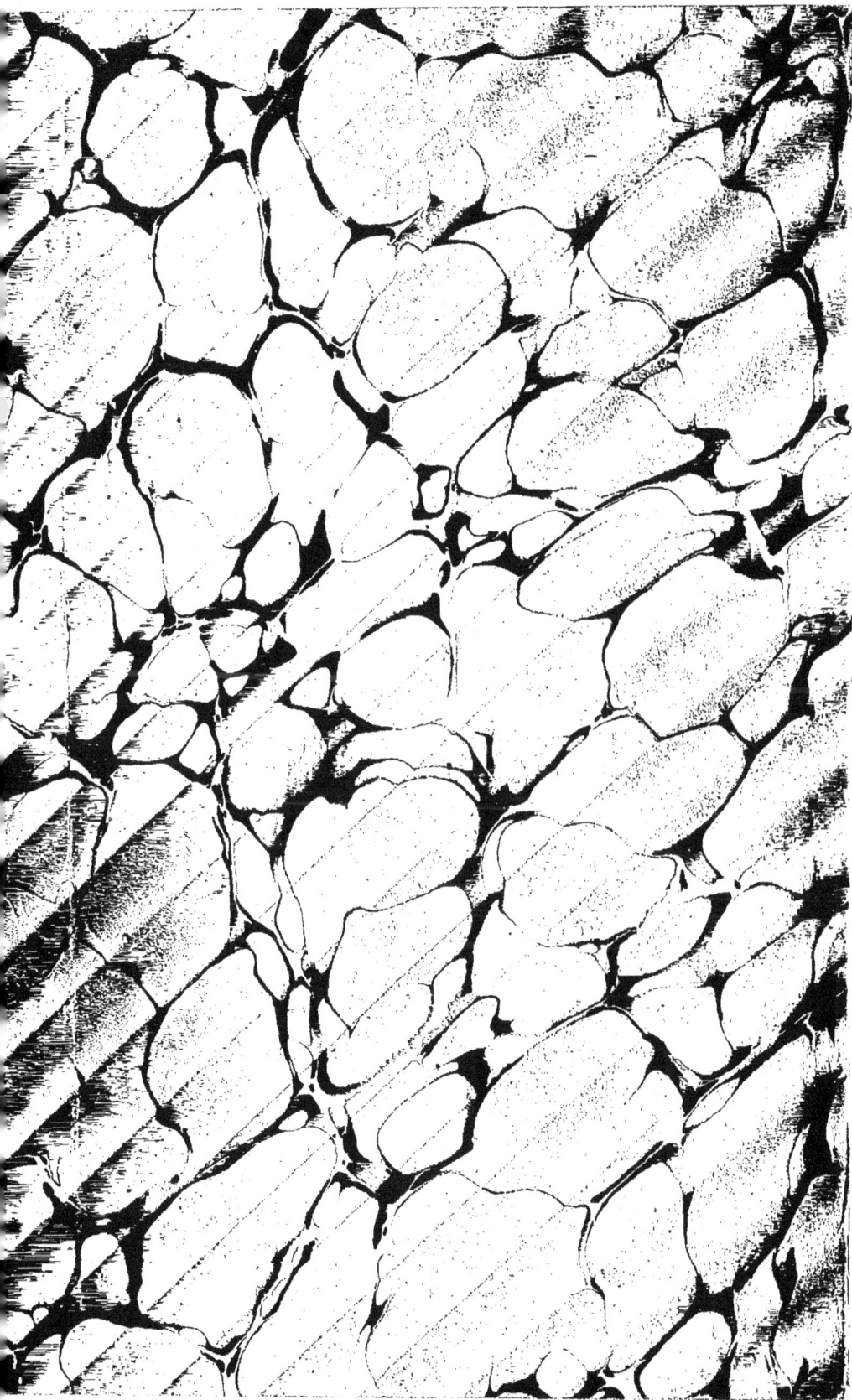

FACULTÉ DE DROIT DE BORDEAUX

DROIT ROMAIN
DE LA CESSION DES CRÉANCES

DROIT FRANÇAIS
CODE CIVIL

DE LA CESSION DES CRÉANCES

CODE DE COMMERCE

DE L'ENDOSSEMENT

THÈSE DE DOCTORAT

soutenue le 12 Août 1874

PAR

ARMAND THIBAUDEAU

Avocat à la Cour d'appel de Bordeaux

BORDEAUX
IMPRIMERIE DE J. DELMAS

Rue Sainte-Catherine, 159

1874

FACULTÉ DE DROIT DE BORDEAUX

DROIT ROMAIN
DE LA CESSION DES CRÉANCES

DROIT FRANÇAIS

CODE CIVIL

DE LA CESSION DES CRÉANCES

CODE DE COMMERCE

DE L'ENDOSSEMENT

THÈSE DE DOCTORAT

soutenue le 12 Août 1874

PAR

A R M A N D T H I B A U D E A U

Avocat à la Cour d'appel de Bordeaux

BORDEAUX
IMPRIMERIE DE J. DELMAS
Rue Sainte-Catherine, 139

1874

A MES PARENTS

A MES AMIS

FACULTÉ DE DROIT DE BORDEAUX

PROFESSEURS :

MM. Couraud ✲, doyen, officier de l'Instruction publique, professeur de Droit romain.

Baudry-Lacantinerie, professeur de Droit civil.

Ribéreau, professeur de Droit commercial.

Saignat, professeur de Droit civil.

Barckhausen, professeur de Droit administratif.

Deloynes, professeur de Droit civil.

Lanusse, professeur de Droit romain.

Vigneaux, profess^r de Procédure civile et de Droit criminel.

Lecoq, agrégé, chargé du cours de Droit maritime

Levillain, agrégé, chargé du cours d'Histoire du Droit.

Marandout, agrégé, chargé du cours de Procédure civile.

Gide, agrégé.

MM. Ravier, officier d'Académie, secrétaire agent-comptable.

Patron, étudiant en droit, sous-secrétaire.

Cuq (Édouard), docteur en droit, bibliothécaire.

COMMISSION DE LA THÈSE.

Président.	M. Lanusse.
Suffragants	M. Deloynes.
	M. Lecoq.
	M. Marandout.
	M. Gide.

DROIT ROMAIN

DROIT ROMAIN

DE LA CESSION DES CRÉANCES

CHAPITRE PREMIER

HISTORIQUE ET THÉORIE DE LA CESSION DES CRÉANCES.

Le patrimoine d'une personne se compose activement de biens corporels et de créances. Les propriétés et les obligations forment notre fortune, qui se modifie, augmente et diminue incessamment par l'effet des contrats, des successions et de tous autres effets de la vie civile. Ainsi, par le contrat de vente, les propriétés passent d'un patrimoine dans un autre. Les créances peuvent-elles aussi faire l'objet d'un transfert? Oui, en droit français. (Art. 1597 et suiv. Code civil). En droit romain la réponse est plus difficile à donner.

En effet, dans la matière qui nous occupe, dans une question qui soulève bien des difficultés et fait naître

2

bien des systèmes, la première question qui se présente est celle de savoir si les Romains connaissaient, admettaient la cession des créances.

Deux systèmes ont été construits par des auteurs savants et convaincus de part et d'autre pour répondre à la question; le premier, le plus ancien, soutient que les Romains n'ont point admis tout d'abord la cession des créances; le deuxième soutient, au contraire, que la cession des créances a été admise par les premiers jurisconsultes romains.

D'un côté des jurisconsultes, s'appuyant sur le caractère intrinsèque, spécial, des obligations, ont dit qu'abstraction faite des lois positives, la créance est inaliénable, qu'elle ne peut être détachée de la personne du créancier sans changer de nature : *Nomina non possunt separari a creditore, sicut anima a corpore*. Dans les obligations, en effet, l'*intuitus personæ* joue un rôle considérable, et on ne saurait substituer à l'une des parties une personne étrangère sans que l'économie du rapport juridique soit complétement bouleversée : changer la personne du créancier ou du débiteur serait le plus souvent rendre impossible l'exécution de l'obligation. Ce sont ces idées qui ont frappé l'esprit net et positif des premiers jurisconsultes romains, et il ne faut pas s'en étonner : chez un peuple peu commerçant, dont le territoire était d'abord peu étendu, dont la fortune mobilière était presque nulle, il n'y avait aucun inconvénient à retirer du commerce toute une classe de biens, alors peu importante. De plus, on aurait eu peine à comprendre que le débiteur eût voulu permettre à son créancier de se substituer un tiers, alors que la sanction de l'exécution d'une obligation consistait dans la *manus injectio*, c'est-à-dire dans l'attribution du débiteur à son créancier en qualité d'esclave. Ce n'est qu'à mesure que les modes d'exécution des jugements s'adoucissent, à mesure que les relations s'étendent, que les rapports juridiques entre les citoyens se multiplient, que l'on sent la nécessité d'arriver à permettre ce que la législation primitive interdisait.

A ces jurisconsultes, qui ont pour eux une longue tradition, d'autres sont venus plus récemment dire qu'il était impossible d'admettre un pareil système. Non, les jurisconsultes romains n'ont jamais pensé que la créance ne pouvait être transférée, et c'est mal comprendre certains textes de leurs lois que d'y lire la prohibition de la cession des créances. Dans les premiers temps de Rome, comme à l'époque des grands jurisconsultes Gaius, Ulpien, Papinien, la créance a pu être valablement transférée.

Tels sont, dans leurs affirmations, les deux systèmes qui sont à l'entrée de la matière qui fait le sujet de notre thèse.

Le premier système, qui, il faut le dire une fois encore, a pour lui la majeure partie des auteurs-commentateurs du droit romain, s'appuie sur des considérations dont nous avons déjà donné un aperçu et sur des considérations de textes.

Exposé du 1ᵉʳ système. — Dans le droit classique les rapports établis entre le créancier et le débiteur sont essentiellement personnels. Ainsi doit-on entendre le texte de Gaius (§§ 38 et suivants du Commentaire II). Après avoir parlé des divers modes d'aliénation de la propriété, Gaius relève dans les termes suivants la différence, à ce point de vue, entre les obligations et la propriété : « Obligationes quoquo modo contractæ nihil eorum recipiunt. Nam quod mihi ab aliquo debetur, id si velim tibi deberi, nullo eorum modo quibus res corporales ad alium transferuntur, id efficere possum ; sed opus est ut, jubente me, tu ab eo stipuleris : quæ res efficit ut a me liberetur et incipiat tibi teneri, quæ dicitur novatio obligationis. Sine hac vero novatione, non poteris tuo nomine agere, sed debes ex personâ meâ, quasi cognitor aut procurator meus experiri. » Les obligations, nous dit Gaius, ne sont susceptibles d'aucun des modes d'aliénation usités pour les choses corporelles. Ce n'est que plus tard que la rigueur du droit primitif fléchit par suite du développement de la richesse publique et du progrès des mœurs. On respecta les anciens principes, mais on s'efforça, par des moyens détournés, d'atteindre le résultat que réclamaient les besoins nouveaux. Alors l'idée de personnalité du droit s'effaça insensiblement, tandis que la créance était de plus en plus envisagée comme une portion du patrimoine. Cette dernière idée finit par triompher, et la législation admit la possibilité de céder les droits de créance.

Le mode le plus ancien à l'aide duquel on réalisa pratiquement le transport des créances fut la novation par changement de créancier. (Voir le texte précité de Gaius.) Mais il faut remarquer que le résultat obtenu consiste uniquement en ce que ce qui m'était dû, vous est dû maintenant, *quod mihi ab aliquo debetur tibi deberi potest;* la créance primitive est éteinte, et une nouvelle créance de même somme est née en la personne du nouveau créancier contre le débiteur primitif. Conséquences : il faut le concours du débiteur, puisqu'il contracte une nouvelle obligation, et que le mécanisme même de l'opération indiquée par Gaius exige qu'il réponde à l'interrogation qui lui est faite dans la forme de la stipulation ; toutes les garanties accessoires qui assuraient le paiement de la créance primitive s'évanouissent avec elle, les fidéjusseurs sont libérés, les gages et hypothèques éteints, les intérêts cessent de courir, *novatione legitima facta, liberantur hypothecæ et pignus, usuræ non currunt.*

Ce premier mode de transmission des créances était bien défectueux, puisque, d'une part, la cession était subordonnée à la volonté du débiteur, et que, d'autre part, même avec le concours de cette volonté et sauf des sti-

pulations spéciales, les garanties tant réelles que personnelles étaient éteintes.

Ces inconvénients rendaient difficile, sinon impossible,
la cession de créance : on imagina un expédient plus
avantageux et plus commode qui eut véritablement pour
effet de substituer le cessionnaire au créancier primitif.

Ce second mode fut la *procuratio in rem suam*, et ce
mode put être appliqué, grâce à l'admission du système
de procédure nouveau : le système formulaire.

On ne pouvait, sous le système primitif des actions de
la loi, se faire représenter par procureur; le système
formulaire, en permettant cette représentation, fournit le
moyen nouveau.

On peut agir en justice en qualité de *cognitor*, de
procurator. Le *cognitor* est constitué solennellement
par une signification faite par-devant le magistrat, en
présence du défendeur ainsi que du demandeur. Cette
présence réelle offrait un inconvénient, que l'institution
du *procurator* fit disparaître : « Procurator vero nullis
certis verbis in litem substituitur, sed ex solo mandato
et absente et ignorante adversario constituitur. » Mais il
existait entre ces deux représentants de la personne juridique de grandes différences : le *cognitor* devenait
complétement le représentant du maître; ce qui était
jugé pour ou contre lui l'était pour ou contre son maître.
Le *procurator*, au contraire, ne se confondait pas avec le
représenté; c'était lui qui agissait réellement, et après la

litis contestatio il était devenu le véritable *dominus litis*; aussi devait-il fournir les satisdations exigées, c'est contre lui ou pour lui que le jugement sortissait effet et que l'action *judicati* prenait naissance.

C'est ce système de représentation en justice qui fut employé pour éviter les inconvénients de la cession des créances par la *novatio obligationis*. Puisque le *procurator* est, après la *litis contestatio*, le véritable *dominus litis*, puisque la présence du débiteur n'est plus nécessaire, il suffit que le cédant constitue le cessionnaire son *procurator* à l'effet de poursuivre le cédé, et que, le bénéfice du procès étant réalisé au profit du cessionnaire, celui-ci soit dispensé de rendre compte du mandat dont il avait été chargé. Le mécanisme de la formule se prêtait à cette combinaison, l'*intentio* continuait à être rédigée au nom du créancier cédant, et la *condemnatio* était faite au nom du cessionnaire : Si paret Numerium Negidium Publio Mœvio sestertium decem millia dare oportere, judex Numerium Negidium Lucio Titio sestertium decem millia condemna; si non paret, absolve.

La dispense de rendre compte qui constituait le caractère spécial du *procurator* lui fit donner le nom de *procurator in rem suam*.

Malgré les avantages de ce nouveau procédé des inconvénients sérieux subsistaient : le cédant, en effet, restant seul créancier jusqu'à la *litis contestatio*, il avait à sa merci le cessionnaire dont les droits étaient ainsi incertains et précaires jusqu'à la *litis contestatio*. Si le cédant était de mauvaise foi, il pouvait, par une nouvelle cession, par une novation, par une transaction, faire évanouir les droits du cessionnaire; s'il venait à décéder avant la *litis contestatio*, les droits du cessionnaire s'évanouissaient encore.

Ces inconvénients firent adopter deux nouveaux procédés : par la *denuntiatio* le cessionnaire fut mis à l'abri des actes de mauvaise foi du cédant ; par des *actions utiles* il fut garanti contre l'extinction de son mandat par suite de la mort du cédant.

Denuntiatio. — La *denuntiatio*, d'après les auteurs qui soutiennent le système que nous exposons, est un acte de procédure qui a quelque ressemblance avec la signification prescrite par l'article 1690 du Code civil français.

Une constitution de l'empereur Gordien, qui forme la loi 3, au Code, *de Novationibus et delegationibus* (8, 47), et qui a été l'objet de nombreuses controverses, parle en ces termes de la *denuntiatio :* « Si delegatio non est interposita debitoris tui, ac propterea actiones apud te remanserunt, quamvis creditori tuo adversus eum solutionis causa mandaveris actiones, tamen antequam lis contestetur, vel aliquid ex debito accipiat, vel debitori tuo denuntiaverit, exigere a debitore tuo debitam quantitatem non vetaris, et eo modo tui creditoris exactionem contra eum inhibere. » Si, voulant faire une cession de créances en paiement d'une dette, vous avez constitué votre créancier *procurator in rem suam* contre votre débiteur, au lieu de lui déléguer ce débiteur, le droit d'agir vous appartient encore et vous pouvez poursuivre votre débiteur et empêcher l'action de votre créancier contre lui, pourvu toutefois qu'il n'y ait pas déjà eu *litis contestatio*, paiement partiel ou *denuntiatio* faite au débiteur. Malgré une controverse sur ce point, il faut dire qu'il s'agit ici d'un *procurator in rem suam*, car les mots mêmes du texte, en exprimant que c'est à un créancier que les actions avaient été transférées par mandat, prouvent que ce mandat était donné dans l'intérêt du mandataire. Trois faits rendent le créancier primitif incapable d'agir contre le cédé, nous dit cette loi de Gordien : ce sont la *litis contestatio*, dont nous avons parlé plus haut; un paiement partiel et la *denuntiatio*. On peut se demander, en voyant la façon incidente dont la loi parle de ces deux modes, s'ils n'étaient déjà connus avant cette loi ; je crois qu'il faut dire que le paiement partiel, comme la *denuntiatio*, étaient déjà connus. Mais qu'était-ce que la *denuntiatio*? Ce mot se trouve, dans les textes, employé pour désigner un acte de procédure sur lequel on n'a pas de renseignements bien précis; il s'agit de la *denuntiatio litis* qui, sous le système formulaire, à l'époque classique, avait remplacé l'*in jus vocatio*. Cet acte de procédure produisait des effets de droit tels que la dénonciation de la cession. Mais était-ce le seul mode que pût employer le cessionnaire pour signifier la cession au débiteur? Aucun texte ne peut autoriser cette interprétation restrictive des termes de la constitution de Gordien; il semble même que si la *denuntiatio litis* eût été le seul moyen de signifier la cession au débiteur, la constitution n'aurait pas dû mentionner la *litis contestatio*, qui lui est toujours postérieure. Il est donc très-probable que la *denuntiatio* n'était assujettie à aucune forme, qu'il suffisait que le débiteur fût expressément averti de la cession; ce qui confirme cette opinion, ce sont les termes de la loi 4, Code : *Quæ res pignori...* (8, 17), qui, statuant sur un cas semblable, désignent ainsi la signification : *Certios a te de obligatione tua factus debitor.*

Qui fera la *denuntiatio?* Ce sera le cessionnaire, et c'est ce que prouve le texte même de la loi 17 (2, 15), dans laquelle le sujet du verbe *denuntiaverit*, comme celui de *accipiat*, est le cessionnaire. De plus, cela est logique, car elle est faite dans son intérêt exclusivement.

Actions utiles. — Les Préteurs, voulant favoriser le commerce, instituèrent les actions utiles. Quant au point spécial qui nous occupe, on comprend l'utilité de cette innovation.

En droit civil strict, une personne ne pouvait devenir créancière pour une autre; ainsi, dans une maison de commerce, le préposant ne pouvait être poursuivi pour une dette de son préposé. On comprend, dans ces conditions, combien le commerce devait être entravé. C'est dans le but de débarrasser le commerce de ces entraves que le Préteur introduisit les actions institoire et exercitoire. Par ces actions, le préposant fut tenu envers les tiers par les actes du préposé, et réciproquement. Ainsi, doit-on comprendre ce texte du Digeste : « Papiniamus putat cum dominos ex empto agi posse utili actione ad exemplun institoriæ actionis, si modo rem vendendam mandavit; ergo et per contrarium dicendum est utilem ex empto actionem domino competere (13, 25, D., *de Act. empt. et vend.*, 19, 1). Ce principe, reconnu dans les actions institoires, reçut de nombreux développements.

Ainsi il fut formellement consacré et étendu aux cessions de créances dans une constitution de Justinien (loi 33, au Code, *de Donationibus*, 8, 54). La règle semble dès lors générale, et l'on peut dire que, dans tous les cas où est intervenu un acte ayant pour but la transmission d'une créance, des actions utiles devront être données au cessionnaire directement contre le débiteur.

Dès lors le cessionnaire n'a plus à craindre que son mandat s'éteigne par sa mort ou par celle du cédant, ou que celui-ci ne le dépouille de son droit par une révocation du mandat. L'action directe elle-même cesse d'être efficace entre les mains du cédant, car l'action utile lui est préférée : « Procurator in rem suam dato, dit Ulpien (55, D., *de Procur.*, 3, 3), præferendus non est dominus in litem movendam vel pecuniam suscipiendam ; qui enim suo nomine utiles actiones habet, rite eas intendit. »

Dans cette situation et à cette époque, le cessionnaire se trouvait avoir ainsi deux actions : l'action directe et l'action utile. Action directe, lorsque le cédant le constituait *procurator in rem suam* ; action utile, lorsque la cession n'est pas réalisée, soit par le mauvais vouloir du cédant, soit par la mort de l'une des parties. Mais, quelle que fût l'action exercée par le cessionnaire, il n'agissait jamais que comme représentant du cédant, avec les mêmes droits et les mêmes restrictions que le créancier lui-même.

Exposé du 2ᵉ système (1).— Les partisans de ce système répondent que c'est mal interpréter les textes que d'en tirer une conclusion que repoussent les principes du droit naturel et les principes du droit romain eux-mêmes.

De tout temps et partout les créances ont été transférées ; toujours on en a trafiqué, comme on trafiquait du droit réel lui-même. Il ne pouvait en être autrement, car les obligations personnelles ont toujours tenu une large place dans la composition du patrimoine, et ce serait immobiliser une partie de la richesse publique que de les frapper elles-mêmes d'immobilité.

(1) *Revue de législation française et étrangère*, 1ʳᵉ livraison, 1874. M. P. Gide, professeur à la Faculté de droit de Paris.

Peut-on admettre que la législation romaine ait méconnu de tels principes, ait apporté de tels obstacles à la liberté du commerce ?

Mais le texte de Gaius : « Obligationes quoquo modo contractæ nihil eorum recipiunt, etc. ? »

Cette phrase doit s'interpréter ainsi : Les obligations ne sont susceptibles d'aucun des modes d'aliénation usités pour les choses corporelles...... car elles se transfèrent suivant des modes qui leur sont propres. Ces moyens sont au nombre de deux : on transfère une créance *per stipulationem* ou *per litis contestationem*.

En un mot, les moyens détournés de transférer la créance suivant le premier système ne sont que des modes de la transférer suivant le second.

La *novatio*, la *procuratio in rem suam*, que les partisans du premier système présentent comme des exceptions au principe de l'intransmissibilité des créances, sont présentées par les partisans du second système comme des applications du principe reconnu de la transmissibilité des créances.

La divergence entre les deux systèmes cesse quant à la *denuntiatio* et à la théorie des actions utiles : à l'époque, en effet, où ces deux moyens de transférer les créances entrèrent dans la pratique, le principe de l'intransmissibilité ne produisait plus aucun effet.

Cession de créance « per stipulationem. »

Ce mode primitif de transférer la créance est appelé,
par Gaius, *novatio obligationis*. Voici comment ce mode
de transfert fonctionnait : la stipulation joue un grand
rôle dans le droit romain ; ce n'est point en effet un contrat spécial, bien déterminé, c'est un contrat général
s'adaptant, grâce à sa forme très-simple, à tous les actes
de la vie civile. Elle était très-fréquente parce qu'elle
était très-utile : s'agissait-il de créer, d'éteindre, de
transporter des créances, on faisait intervenir une stipulation. C'est ainsi que la stipulation se présente comme
la forme la plus pratique et la plus commode de réaliser
l'intention des parties.

La stipulation servit également à transporter les créances. Ainsi doit être entendu ce texte de Gaius : « Opus
est ut jubente me, tu ab eo stipuleris : quæ res efficit
ut a me liberetur et incipiat tibi teneri, quæ dicitur
novatio obligationis....... » Il faut que, sur mon ordre,
vous stipuliez de mon débiteur ou que vous le poursui-
viez en justice à ma place.

La stipulation qui intervient entre le cédant et le cessionnaire opère une véritable cession de créance. Ce
n'est point une somme équivalente à celle qui fait l'objet
de la créance qui est cédée, c'est l'objet lui-même de la

créance, c'est ce que devait le débiteur, qui est transporté par l'effet de la stipulation et qui devient propre au cessionnaire. Cette solution s'appuie sur l'étude de la *novation* en droit romain.

Qu'est-ce, en effet, que la novation ? La novation est-elle, en droit romain, comme la définissent les commentateurs, la substitution d'une dette en une autre ? Si la définition était exacte, la novation ne saurait être considérée comme un mode, mais tout au plus comme un moyen de transférer l'obligation. On n'y pourrait voir qu'une extinction de dette, suivie de la création d'une nouvelle dette.

Mais aucun texte n'autorise à définir ainsi la novation. Comment Ulpien la définit-il ? « Novatio est prioris debiti in aliam obligationem vel civilem, vel naturalem transfusio ac translatio, hoc est, cum ex præcedenti causa ita nova constituatur ut prior perimatur. » (Loi 1re princ., Dig., *de Nov.)* La novation est la *transfusion* et la *translation* d'une première dette en une autre obligation ou civile ou naturelle, c'est-à-dire lorsque d'une cause précédente on en établit une nouvelle, de telle sorte que la première soit anéantie. Comment Gaius définit-il la novation ? « Præterea novatione tollitur obligatio, veluti si quod tu mihi debeas, a Titio dari stipulatus sim. Nam interventu novæ personæ nova nascitur obligatio et prima tollitur translata in posteriorem. » (Comm. III, § 176.) — Qu'exige Gaius pour que la novation s'accomplisse? Une stipulation, un élément nouveau, et que l'objet de la seconde dette soit le même que celui de la première. Tels sont les trois choses que suppose le texte, pour qu'il y ait novation. Ainsi donc, ce qu'il faut remarquer, c'est que la novation romaine est tout autre que la novation française. Gaius nous montre la première obligation éteinte, puis translatée dans la seconde « translata in posteriorem. » Ulpien se sert de la même image. Mais comment une chose éteinte d'abord revit-elle ensuite? C'est qu'entre l'obligation qui s'éteint et celle qui prend naissance il y a quelque chose de commun, l'objet, le *debitum*, qui passe de l'une dans l'autre.

La novation suppose donc la persistance de l'objet de l'ancienne obligation. Partant de ce point, voici les conclusions auxquelles on arrive. Comme dans la transmission de la propriété, ce qui est changé dans la novation par substitution de créancier, c'est la personne de l'ayant droit; ce qui reste le même, c'est l'objet du droit. Il faut donc dire que la créance acquise étant conforme à la première, il y a *cession* dans le sens que l'on attache à ce mot. C'est bien ce qui était dû au cédant, *idem debitum*, qui est dû au cessionnaire.

Cession de créance « per litis contestationem. »

Le mode de transfert *per stipulationem* offre des avantages considérables lorsque toutes les parties sont présentes, et que le débiteur cédé donne son consentement ; il ne se comprend point au cas de refus du consentement de ce dernier. Aussi rencontrons-nous dans la pratique romaine un nouveau mode de transfert auquel Gaius fait allusion : « Sine hac novatione non poteris » tuo nomine agere ; sed debes ex personâ meâ quasi » cognitor aut procurator meus experiri. » Le créancier permet à celui qu'il veut rendre cessionnaire d'exercer son action, et, la *litis contestatio* intervenant, le transfert est opéré. *Fit delegatio per litis contestationem.* (Ulpien.)

Qu'était-ce donc que la *litis contestatio?*

Tout procès, à Rome, se décomposait en deux actes : l'un qui avait lieu devant le magistrat, l'autre devant le juge. Le but était d'obtenir une formule dans laquelle le magistrat traçait au juge sa mission, en lui ordonnant d'examiner et de résoudre la question litigieuse. La formule rédigée, il la délivrait au demandeur. Le rôle du magistrat était terminé ; les parties ne revenaient plus devant lui, et le procès se continuait devant le *judex*. L'intervalle séparant ces deux actes avait nom *litis contestatio.*

Gaius range la *litis contestatio* parmi les modes d'extinction des obligations. « Tollitur adhuc obligatio litis contestatione. » (Comm. III, § 180.) Cela paraît singulier, mais cela s'explique par le mécanisme de la formule. Une fois donnée par le magistrat, elle n'est point susceptible d'être renouvelée, elle constitue un nouveau droit dégagé des faits qui ont été soumis au magistrat. Mais si la *litis contestatio* éteignait le droit prétendu, elle lui substituait un droit nouveau ; ceci fait entrevoir l'avantage qu'on pouvait retirer de la *litis contestatio* pour céder une créance. Ce qu'il y avait de fondé dans le droit éteint se trouvait transformé dans la nécessité d'une condamnation contre le défendeur, et cela en suivant cette marche : que l'on suppose un créancier, Séius, voulant transférer son droit de créance à Sempronius. Séius autorise Sempronius à poursuivre son débiteur en son lieu et place. Sempronius agira comme son représentant et son remplaçant. Gaius, dans son commentaire IV, §§ 82 et suivants, indique comment on pouvait constituer un représentant dans un procès. Les représentants admis sous le système formulaire étaient de deux espèces : les *cognitores* et les *procuratores*. Voici *Sempronius cognitor* ou *procurator* de *Séius* au moment où s'engage la *litis contestatio*. Cet acte accompli, il y a transfert de la créance de la tête de *Séius* sur la tête de *Sempronius;* la *litis contestatio* a opéré une véritable cession de créance. Ce résultat s'explique par la construction même de la formule : l'*intentio*, en effet, sera au nom de *Séius*, le cédant ; la *condemnatio* au nom de *Sempronius*, le cessionnaire. Ce dernier sera donc investi de la créance, puisque la *condemnatio*, c'est-à-dire les résultats matériels de la formule, est en son nom ; mais il sera investi de *la même créance* qui appartenait au cédant, puisque l'*intentio*, c'est-à-dire la question de savoir s'il est dû et ce qui est dû, est au nom de celui-ci.

Pour appuyer ce système, il faut : 1° prouver que le cessionnaire était bien un nouveau créancier et non pas le représentant du cédant ; 2° que l'objet de la première dette était bien le même objet de la seconde. — Sans ces preuves, les partisans du premier système ne verraient dans cet effet de la *litis contestatio* qu'une *procuratio in rem suam*.

A. — *Le cessionnaire n'était pas le représentant du cédant*. — Les Romains, en effet, n'ont point admis la représentation dans les actes juridiques : chacun devait agir en son nom et par lui-même. Aussi, les partisans de l'inaliénabilité des créances sont obligés de voir une dérogation à ce principe dans la *procuratio in rem suam*, moyen détourné d'arriver au transport ; cette dérogation est contestée par les partisans de l'aliénabilité des créances. Ce n'est point la *cession* qui était inconnue aux Romains, c'est le *mandat* dans l'acception que l'on donne à ce mot en droit français : le mandataire français agit en effet pour le compte du mandant, le mandataire romain agissait en son propre nom et pour son propre compte, sauf à transférer ensuite au mandant le résultat de ses opérations. Si l'on voulait charger un mandataire d'exercer à sa place un droit, il fallait le mettre à même d'exercer ce droit *en son nom*, il fallait faire passer ce droit sur sa tête par un véritable transport. Qui ne voit que le principe de la cession des créances était une nécessité pratique à Rome puisqu'il fallait réaliser une cession pour constituer simplement un mandataire.

La *procuratio in rem suam* n'était donc point un mandat, parce qu'on ne peut attacher à ce mot de « *procuratio* » le sens qu'il a en droit français.

B. — *L'objet de la dette ne change pas par la* litis contestatio. — Ce résultat est évident par la construction même de la formule : l'*intentio* est au nom du cédant, la *condemnatio* au nom du cessionnaire qui sera investi de la créance, puisque la *condemnatio*, c'est-à-dire les résultats matériels de la formule, est en son nom. Ce qui a changé, c'est le créancier ; ce qui est permanent, c'est le *debitum*, l'objet économique de l'obligation.

En résumé, l'aliénabilité des créances à Rome était un principe reconnu, s'exerçant primitivement par deux modes différents pris parmi les actes les plus fréquents de la vie civile ; la *stipulation* et la *litis contestation*. L'analogie est frappante entre ces deux actes.

Ce second système semble devoir rallier un grand
nombre de commentateurs du droit romain ; cependant
nous ne l'adopterons pas. D'un côté, en effet, les considérations rationnelles, logiques, qui appuient ce système
ne nous semblent pas concluantes, et, d'autre part, les
nombreux textes que l'on peut citer à l'appui du premier
système ne font que le corroborer.

Et d'abord, quant à la nature même du droit de
créance, les partisans du second système disent qu'il
est contraire à la nature de la créance de supposer
son intransmissibilité, parce que toute créance a pour
objet une chose déterminée, et que cette chose doit
pouvoir se transmettre. On peut répondre que, ration-
nellement, cette opinion est vraie ; elle est actuellement
reconnue par toutes les législations, mais il ne s'ensuit
point qu'à une époque antérieure l'opinion contraire n'ait
prévalu. Ainsi, en droit français, il est constant que,
pour Pothier, la créance étant un droit personnel, un
droit inhérent à la personne, elle ne peut pas, à ne
considérer que la subtilité du droit, se transporter à une
autre personne, ni par conséquent se vendre (*Vente*,
nº 551.) Ce qui apparaissait comme très-spécieux pour

Pothier ne pouvait-il point être considéré comme une vérité scientifique pour les premiers jurisconsultes romains? Ne pouvait-on point considérer comme un rapport exclusivement personnel le droit de créance lorsque la sanction d'une obligation consistait dans la *manus injectio*, dans l'attribution du débiteur à son créancier en qualité d'esclave?

On objecte encore que méconnaître le principe de l'aliénabilité des créances c'est discréditer l'étude des lois romaines. On peut répondre que c'est exagérer l'importance de la question; c'est, de plus, ne pas admettre en un point spécial la marche progressive du droit. Ne voyons-nous point, en effet, dans un grand nombre de questions, un principe d'abord méconnu, ensuite et peu à peu appliqué par des moyens détournés? Pourquoi n'en serait-il pas de même dans notre question? L'intransmissibilité de la créance est un fait à l'origine, puis des moyens inventés par les Préteurs viennent faire échec à ce principe, et enfin le principe est abandonné.

Cette marche, familière à la législation romaine, s'éclaire par les textes que nous avons déjà cités à l'appui de la première opinion.

Si, dans le texte de Gaius, on ne peut voir la confirmation du système classique, il n'en résulte pas moins que, pour Gaius, il existe une différence entre la cession d'un objet certain et la cession d'une créance; et, s'il fallait ranger ce texte dans une des deux opinions, il faudrait le classer parmi les arguments de la première : *Quod mihi ab aliquo debetur tibi deberi potest...* Une nouvelle créance de même somme est née en la personne du nouveau créancier contre le débiteur primitif.

Les textes sur la *procuratio in rem suam* sont également probants en faveur du premier système. Quoi de plus conforme aux habitudes romaines que de se servir d'un moyen de procédure nouveau pour la satisfaction d'un besoin pratique? Le *procurator* est inventé ; aussitôt on constitue un cessionnaire *procurator* qui se présente en justice pour le cédant; il obtient une *condemnatio* toujours au nom du cédant, et ce dernier le dispense de rendre compte du montant de la *condemnatio :* voilà la *procuratio in rem suam.*

Aux textes déjà cités sur cette matière, je n'en ajouterai qu'un seul : « Et pluribus tutoribus in solidum unum tutorem judex condemnavit; in rem suam judicatus procurator datus privilegium pupilli non habebit, quod nec heredi pupilli datur : non enim causæ sed personæ succurritur quæ meruit præcipuum favorem. (Loi 42, D., *de Administratione tutel.*, 26, 7. Pap.) Un pupille ayant plusieurs tuteurs a obtenu condamnation pour le tout contre l'un d'eux ; celui-ci, constitué *procurator in rem suam* pour actionner les autres tuteurs ses coobligés, peut-il se prévaloir du privilége du pupille? Non, répond Papinien, car le privilége tient, non pas à la nature de la créance, mais à la faveur due au créancier. Ce texte, qui fournit un exemple remarquable de la *procuratio in rem suam*, démontre bien que la *procuratio in rem suam* n'était pas un mode de cession des créances, mais un moyen détourné grâce auquel, dans l'espèce, le tuteur avait le bénéfice d'une cession sans qu'il y ait eu, à proprement parler, une cession, puisque le privilége ne lui passait pas avec le *debitum*. Cela s'explique par cette considération qu'en droit romain le rapport de droit établi entre deux personnes par le lien de l'obligation ne pouvait être transféré à une autre sans être détruit.

M. Gide, partisan du second système, s'appuie, pour soutenir son opinion, sur le caractère du mandat en droit romain. Il dit que ce que les premiers jurisconsultes romains ignoraient, c'était le mandat et non la cession, dans l'acception donnée à ces mots par le droit français. On répond que les Romains ignoraient et le mandat et la cession; mais les partisans du premier système ne soutiennent point que ces jurisconsultes connussent le mandat, puisque, dans la *procuratio in rem suam*, ils admettent que c'est toujours au nom du cédant qu'agit le cessionnaire et que ce n'est que dans *la dispense de rendre compte* qu'ils voient le moyen détourné de céder la créance.

CHAPITRE DEUXIÈME.

DES CRÉANCES CESSIBLES ET INCESSIBLES.

———

Que le principe de l'aliénabilité des créances fût ou non méconnu, il n'en est pas moins certain que les créances faisaient l'objet de transactions nombreuses. Rien de plus naturel, la créance étant un bien faisant partie du patrimoine. On ne distinguait pas si la créance était pure et simple ou bien si elle était à terme, conditionnelle ou incertaine (17 et 19, D., *de Hered. vel act. vend.*, 18, 4); on pouvait céder la simple expectative d'un droit : « Spem futuræ actionis posse transferri non immerito placuit (3, C., *de Donat.*, 8, 54). Il faut aller plus loin en droit romain que dans notre droit français et décider que l'on aurait pu céder ses droits éventuels à une succession future, pourvu que celui de la succession duquel il s'agissait y consentît et persévérât jusqu'à sa mort dans son consentement (30, C., *de Pactis*, 2, 3). De même, il n'y a pas à s'inquiéter du fait qui a donné naissance à l'obligation ; qu'il s'agisse d'une obligation née *ex contractu* ou *quasi ex contractu*, ou d'une obligation délictueuse, la règle est la même.

Les obligations naturelles, tout comme les obligations civiles, peuvent être l'objet d'une cession; mais, bien entendu, avec cette restriction que, s'il s'agit d'une obligation naturelle, le cessionnaire ne pourra employer, pour faire valoir sa créance, que les mêmes moyens dont le cédant aurait pu se servir, c'est-à-dire les exceptions ou les droits accessoires attachés à la créance.

Le bénéfice accordé aux mineurs de vingt-cinq ans par le Préteur, d'être restitués en entier contre les actes qui leur sont préjudiciables, malgré son caractère de faveur toute personnelle, peut cependant être transmis aux héritiers du mineur et cédé à des tiers (18, §§ 5 et 24, D., *de Minor. XXV an.*, 4, 4. — 6, D., *de in. int. rest.*, 4, 1).

Exceptions au principe de la cessibilité des créances.

1º *Créances incessibles en vertu de leur nature même* : les créances qui ne font pas partie de notre patrimoine, soit parce qu'elles appartiennent à tout le monde, ce qui rend leur cession sans objet; soit parce qu'elles ont trait à des intérêts supérieurs aux droits qui composent le patrimoine. A la première classe appartiennent les actions populaires, à la seconde les actions

quæ vindictam spirant, la *querela inofficiosi testa-
menti* et la révocation des donations pour cause d'ingra-
titude.

Les actions populaires étaient des actions pénales qui
pouvaient être exercées par tout citoyen romain, alors
même qu'il n'avait aucun intérêt particulier à cet exercice; elles étaient considérées comme d'ordre public.
Telles étaient les actions de *sepulchro violato, albi
corrupti, de effusis,* etc. Puisque tout citoyen peut
intenter ces actions, il semble dès lors inutile de se les
faire céder par un autre; aussi voyons-nous au Digeste
qu'on ne peut les intenter par procureur, *is, qui eam
movet, procuratorem dare non potest.* (5, D., *de Pap.
act.,* 47, 23.) Le motif même de la prohibition doit
servir à en mesurer la portée, et s'il se rencontrait des
cas où la cession pourrait présenter quelque intérêt on
devrait la déclarer possible.

La seconde classe des actions qui ne sont pour ainsi
dire pas dans notre patrimoine, sont celles qui garantissent les droits d'un ordre supérieur; telles sont les
actions *quæ vindictam spirant,* c'est-à-dire qui poursui-
vent la réparation d'un outrage plutôt que celle d'une
lésion matérielle. Ainsi l'action d'injures dont il est dit :
« Injuriarum actio in bonis nostris non computatur,
antequam litem contestemur. » (28, D., *de Inj.,* 47, 10.)
En faut-il conclure que cette action est incessible ? Non;
le jurisconsulte exprime l'idée que le pardon est toujours

permis, et que l'action qui est ouverte à l'offensé n'est définitivement entrée dans son patrimoine que lorsqu'il l'a exercée. L'offensé peut exercer par procureur son action : « Ad actionem injuriarum ex lege Cornelia procurator dari potest (loi 42, § 1, D., *de Procur.*, 3, 5).

Sont encore incessibles les créances qui, bien que faisant partie de notre patrimoine, sont cependant si inséparablement liées à la personne qu'elles ne peuvent en être détachées sans s'éteindre. Telles étaient les *operæ officiales* et la créance d'aliments. Les premières étaient des services dus par l'affranchi à son patron (9, D., *de Oper. liber.*, 38, 1). Les secondes peuvent résulter, soit d'une convention, soit d'une disposition testamentaire, soit de la loi. Résultant de la convention, elles peuvent être cédées. *Quid* dans les deux autres cas? Elles sont incessibles; voir en ce sens la loi 8, pr., *de Transactionibus* (2, 15).

Il y a encore d'autres créances dans la constitution desquelles la considération de la personne joue un grand rôle; aussi peut-on dire que lorsque l'une des parties a pris en considération la personnalité de l'autre partie, celle-ci ne peut se substituer une autre personne. En un mot, on peut céder les droits qu'on a, mais on ne peut transporter les obligations dont on est tenu, à moins que le créancier n'y consente.

Les créances qui ne consistent qu'en des droits accessoires d'un autre droit, ne peuvent pas être cédées indépendamment du droit principal; ainsi, une créance étant garantie par un cautionnement, ou une hypothèque, le créancier ne pourrait pas, renonçant à la sûreté, la transférer à un tiers pour que désormais elle devienne l'accessoire d'une créance à lui propre ; le fidéjusseur qui s'est obligé en vue d'une dette déterminée ne peut pas voir sa position changer sans son consentement.

2° *Créances incessibles en vertu de dispositions spéciales de la loi :* ainsi les créances litigieuses. Cette prohibition d'aliéner les créances litigieuses remonte à une haute antiquité. Il était défendu de consacrer aux dieux les choses susceptibles d'un litige, parce qu'on aurait rendu plus difficile, nous dit Gaius, la position du défendeur (3, D., *de Litig.*, 44, 6). On voit encore au § 117 du Commentaire IV de Gaius, que celui qui sciemment a acheté un fonds litigieux du non possesseur et qui le réclame du véritable possesseur, peut être repoussé par ce dernier au moyen d'une exception. Il est de plus passible d'une amende de 50 sesterces (Frag. vet. jur., C., *de Jure fisci*, § 8).

Sous l'Empire, le commerce des créances se répandit et donna naissance à des spéculations honteuses. Aussi voit-on, en l'an 287, les empereurs Dioclétien et Maximien interdire l'achat des créances à certaines personnes, et en l'an 407, les empereurs Arcadius et Honorius confirmer cette prohibition. (1, 2, C., *Ne liceat*, 2, 14.)

Justinien sanctionna cette interdiction par des peines,

et décida que, outre la nullité de la cession, l'acheteur de mauvaise foi remettrait le vendeur en possession sans pouvoir exiger la restitution du prix ; que si au contraire le cessionnaire était de bonne foi, il pourrait répéter le prix de la cession. (4, 1, C., *loc. cit.*) La même constitution permettait toutefois la cession des créances litigieuses, lorsque l'opération excluait toute idée de spéculation de la part du cessionnaire.

CHAPITRE TROISIÈME.

EFFETS DE LA CESSION.

———

Dans une cession de créance, trois classes d'effets sont produits par la cession : 1° effets de la cession entre le cédant et le cédé, 2° entre le cédant et le cessionnaire, 3° entre le cessionnaire et le cédé.

I. — Effets de la cession entre le cédant et le cédé.

La cession ne change en rien les rapports qui existaient entre le cédant et le cédé, cet acte étant pour le débiteur *res inter alios acta*. Mais il faut qu'il en soit averti, soit par la *denuntiatio*, soit par tous autres actes équivalents.

II. — Effets de la cession entre le cédant et le cessionnaire.

Ce sont les conventions intervenues entre le cédant et le cessionnaire qui déterminent entre eux les effets de la cession. C'est ordinairement le vente qui intervient; ce sont donc les règles de la vente qu'il faut appliquer. Quelles sont les obligations du cédant et du cessionnaire ?

§ 1. — *Obligations du cessionnaire.*

Le cessionnaire doit payer à l'acheteur le prix de la vente à l'époque et au lieu convenus. Si le cédant, en garantie du paiement de la créance, a donné des gages mobiliers ou a constitué des immeubles en antichrèse, le cessionnaire doit les conserver, les administrer en bon père de famille. S'il est attaqué en revendication, il doit mettre en cause le *dominus*, et par là il se dégage de tous dommages-intérêts envers ce dernier ; si, au contraire, il n'a pas soin de nommer le propriétaire et qu'il soit évincé, il perd tout recours en indemnité et peut être condamné lui-même à des dommages-intérêts envers le *dominus*.

§ 2. — *Obligations du cédant. — Il doit livrer et garantir.*

1° *De la délivrance.*—Le cédant doit livrer, *rem tradere*, céder l'action, action principale et actions relatives aux accessoires, aux fidéjusseurs et aux gages de la créance (l. 6, Dig., *de Hæred. vel act. vendita*, 18, 4); le vendeur doit encore céder les actions de *peculio, in*

rem verso, quod jussu et autres qu'il pouvait avoir
contre le père du débiteur cédé (loi 14, *ibid.*). Ces cessions s'opérèrent de plein droit lors de l'introduction
des actions utiles. L'obligation du vendeur se borne
alors aux prestations de fait : il doit livrer le titre de la
créance, l'*instrumentum;* et s'il a reçu quelque chose du
débiteur, il en doit opérer la restitution au cessionnaire
(loi 23, 1, *ibid.*). Au cas où le cédant aurait entre les
mains un gage mobilier ou qu'il jouirait d'un immeuble
en antichrèse, le cessionnaire peut-il exiger que le cédant
le mette en son lieu et place? Non, une pareille remise
violerait les droits du débiteur, qui a suivi la foi du
créancier et non pas celle d'un cessionnaire ultérieur.—
En parlant des obligations du cessionnaire, nous n'avons
fait que supposer le cas ou le cédant aurait remis volon-
tairement ces meubles ou ces immeubles au cessionnaire.
Au surplus, l'action *pigneratitia* cédée au cessionnaire
le garantit suffisamment.

2° *De la garantie.* — C'est la seconde obligation du
cédant. Il doit garantir l'existence de la créance et des
sûretés annoncées, mais non la solvabilité du débiteur
(loi 4, Dig., 18, 4) ni la suffisance du gage (loi 38, Dig.,
de Pig., 20.)

L'étendue de cette obligation pouvait être augmentée
ou diminuée par la convention (loi 10, Dig., 18, 4). Le
cédant pouvait s'engager à garantir la solvabilité du débiteur cédé, sa solvabilité présente et même sa solvabi-

4

lité future. Il pouvait également stipuler qu'il ne garantissait même pas l'existence de la créance ; au cas d'éviction cependant il devait restituer le prix (loi 11, par. 18, Dig., *de Act empti*), à moins que la créance n'eût un caractère incertain, aléatoire. (Loi 10 et 11, Dig., *ibid.*)

III. — Effets de la cession entre le cessionnaire et le cédé.

1° *Droits du cessionnaire vis-à-vis du cédé*. — Le cessionnaire est le mandataire du cédant, mais, de plus, il agit dans son propre intérêt : comme mandataire, il ne peut avoir plus de droits que le mandant ; agissant dans son intérêt, il n'a pas tous les droits qu'avait le cédant.

Une des questions les plus controversées est de savoir si le cessionnaire qui peut invoquer les sûretés qui garantissent la créance (loi 2, 6, 8, Dig., 18, 4) peut également invoquer sans distinction les sûretés exceptionnelles appelées *priviléges*.

Il y a plusieurs sortes de priviléges ; les uns ont trait à la procédure et ne passent point au cessionnaire, parce que ce dernier agit *in rem suam ;* les autres sont attachés ou à la *personne* ou à la *nature de la créance*. Sont *privilegia personæ* ceux qui compètent au fisc, au prince, aux villes, à la femme dotale contre son mari, aux pupilles, aux mineurs, aux muets, aux sourds, etc., contre

leurs curateurs ; les *privilegia causœ* sont attachés aux
frais funéraires, aux dépôts chez un banquier, aux
créances relatives à la construction des maisons, etc.
(Loi 196, *de Reg. juris.*) On décide généralement que
les priviléges attachés à la personne ne profitent pas au
cessionnaire, que les priviléges attachés à la nature de
la créance sont les seuls qu'il puisse invoquer. Cette
distinction s'appuie principalement sur deux textes : la
loi 24, par. 3, *de Reb. auct. jud.*, au Dig., accorde au cessionnaire le privilége du cédant ; la loi 42, Dig., *de Adm.
et per. tut.*, le lui refuse ; dans la première, il s'agit d'un
privilége de cause ; dans la seconde, d'un privilége personnel. La loi 43, au Dig., *de Usuris*, fait échec à cette
théorie, en permettant à un cessionnaire d'invoquer un
privilége personnel résultant d'une créance fiscale. Aussi
les commentateurs se sont-ils divisés en deux groupes :
les uns pensent que cette loi spéciale doit être écartée,
qu'elle ne peut être une objection sérieuse à une théorie
établie ; les autres pensent que la question ne doit point
être tranchée par les textes précités, qu'il est en effet
peu rationnel d'admettre que le cédant, propriétaire d'une
créance, n'aurait pu la céder avec tous ses avantages,
tous ses priviléges.

2° *Droits du cédé vis-à-vis du cessionnaire.* — La
position du cédé n'a pu être empirée par un fait qui est
pour lui *res inter alios acta ;* il en résulte que le cédé
pourra opposer au cessionnaire les exceptions qu'il eût

pu opposer au cédant. Mais toutes les exceptions opposables au cédant le sont-elles aussi au cessionnaire ? Non. Il est certain que les exceptions qui touchent au fond même du droit, qui sont pour ainsi dire une manière d'être de la créance, peuvent toujours être invoquées par le cédé ; telles sont les exceptions des sénatus-consultes Velléien et Macédonien, l'exception *non numeratæ pecuniæ*, etc. Au contraire, de graves controverses se sont élevées sur les exceptions qui prennent leur origine dans des faits personnels à l'une des parties en cause. D'abord, les *exceptions qui dérivent de la personne du cédant :* le débiteur cédé peut les opposer au cessionnaire ; il serait contraire à tous les principes, à l'équité, qu'en cédant la créance, le créancier pût donner à la créance une valeur qu'elle n'avait pas en sa propre personne. Exemple : le créancier s'est engagé, par un pacte *de non petendo in personam*, à ne pas poursuivre le débiteur. On interprète généralement cette convention en ce sens que le créancier ne pourra poursuivre le débiteur lui-même, mais seulement ses héritiers. Des auteurs vont plus loin : ils disent qu'un pareil pacte ne lie pas le cessionnaire, que, du moment que le débiteur est poursuivi par le cessionnaire, il ne l'est pas par le cédant, et que le contrat est respecté. Cette doctrine, en désaccord avec le principe de la représentation du cédant par le cessionnaire, doit être rejetée.

Exceptions qui dérivent de la personne du cession-

naire. — Il n'a jamais été contesté qu'elles pussent être opposées par le débiteur cédé au cessionnaire. Cela peut cependant paraître contraire au principe posé plus haut, à savoir que le cessionnaire est, par rapport au cédé, le mandataire du cédant ; or, le mandataire ne peut agir autrement que son mandant ; s'il a reçu mandat de poursuivre, où puise-t-il le droit de faire avec le débiteur un pacte *de non petendo ?* On répond à cette objection tirée du principe du mandat par ce qu'a de particulier le mandat du cessionnaire, à savoir que c'est un mandat *in rem procuratoris.* Qui est-ce qui pourrait d'ailleurs raisonnablement se plaindre de cette dérogation aux principes ? Ce n'est pas le cédant, il est désintéressé par le cessionnaire ; quant au cessionnaire, il supporte la conséquence de la convention qu'il a consentie ; l'exception qu'en tire ce dernier a été prévue par le cessionnaire. Ce que nous disons de cette exception, nous l'appuyons sur la loi 4, par. 18 (Dig., 44, 4), qui permet au cédé d'opposer l'exception de dol provenant du fait du cessionnaire.

Exceptions qui dérivent de la personne du cédé. — Pas de difficulté pour les exceptions que le débiteur tirerait de sa personne ; ces exceptions subsistent *erga omnes.* Mais doit-on décider de même en ce qui concerne les exceptions nées des rapports qui existent entre la personne du cédé et celle du cédant ? Le bénéfice de compétence est-il, par exemple, opposable au cessionnaire ?

On entend par bénéfice de compétence, la faveur accordée à certains débiteurs de ne pouvoir être condamnés que jusqu'à concurrence des biens qu'ils possèdent, *in id quod facere possunt*. Il était accordé aux ascendants poursuivis par leurs descendants, au patron actionné par son affranchi, aux conjoints, aux frères, aux associés, au donateur attaqué par le donataire. (16 à 20, D., *de Re jud.*, 42, 1.) Des auteurs ont pensé que le débiteur cédé ne pouvait opposer au cessionnaire l'exception *in id quod facere possit*, qu'il aurait pu opposer au cédant : la raison alléguée, c'est que la faveur dont il s'agit est attachée aux relations qui existent entre le créancier et le débiteur, et qu'après la cession ces relations n'existent plus. Il faut rejeter une semblable opinion. Les relations continuent d'exister en principe puisque le cessionnaire est reconnu avoir le caractère d'un mandataire du cédant. La loi 41, p., Dig., *de Re jud.*, semble corroborer la première opinion ; il y est dit que le cédé ne peut opposer au cessionnaire cette exception. Cette loi doit être bien entendue ; il ne s'agit point en effet d'une cession proprement dite, mais d'une délégation, c'est-à-dire d'une novation qui éteint l'ancienne dette et crée des rapports nouveaux entre le débiteur et le délégataire. Il est d'ailleurs inadmissible que la cession fasse pire la condition du débiteur. La première opinion ne tendrait à rien moins qu'à supprimer la faveur de la loi, le créancier n'ayant qu'à céder la créance pour rentrer dans l'intégralité de sa créance et rendre ainsi inefficace la protection accordée au débiteur.

En résumé, le cédé peut opposer au cessionnaire toutes les exceptions qu'il pourrait opposer au cédant. Réciproquement, le cessionnaire pourrait répondre par les répliques dont eût pu se prévaloir le cédant.

CHAPITRE QUATRIÈME

MODIFICATIONS INTRODUITES PAR LES EMPEREURS ANASTASE
ET JUSTINIEN.

———

La cession des créances, rendue nécessaire par le progrès des mœurs et facilitée par les moyens dont nous avons parlé, donna lieu à des spéculations qui rendirent bientôt suspects tous les acheteurs de créances. Les abus allèrent en croissant avec la décadence de l'Empire. C'est pour y remédier qu'Anastase, par une constitution célèbre (22, C., *Mandati*, 4, 55), défendit à tout cessionnaire d'exiger du débiteur une somme supérieure au prix payé, augmenté des intérêts. La constitution n'exceptait de cette règle que les cessions où ne se rencontre aucun esprit de spéculation, par exemple la cession entre cohéritiers en cas de partage, les cessions faites par un débiteur à son créancier à titre de *datio in solutum*, la cession qui avait pour but de consolider la possession du détenteur d'une chose, et enfin toutes les cessions à titre gratuit. En un mot, il faut excepter de la règle toute cession qui écarte par elle-même l'idée de spéculation.

Ce remède, trop énergique pour combattre l'abus des cessions de créances, dépassa le but ; car s'il est juste de protéger les débiteurs, il est peu rationnel de nuire au commerce général en en retirant toute une branche. Aussi trouva-t-on dans la loi même le moyen de l'éluder. On vendait, pour un prix convenu, une partie de la créance, on faisait donation de l'autre partie ; de telle sorte que le cessionnaire pouvait agir contre le débiteur pour le tout.

Par la constitution *ab Anastasio*, Justinien frappa de nullité les donations partielles qui ne servaient qu'à déguiser la vente des créances pour un prix inférieur à leur valeur, et dans tous les cas de cession à titre onéreux, il autorisa le cédé à écarter le cessionnaire en lui remboursant le prix réel de la vente avec les intérêts depuis le jour de la cession. Il avait d'abord maintenu les exceptions qu'Anastase avait admises au cas de cession à titre onéreux ; Cujas a retrouvé dans les *Basiliques* une constitution de Justinien qui les abroge. (Lois 23 et 24, C., *Mandati.*)

Quelle était la sanction de ces prohibitions ? Pas de texte ; nous nous bornons à constater que les termes de la constitution de Justinien semblent signifier que le débiteur cédé est libéré au-delà du prix réellement payé ; il nous semble que c'est là une sanction suffisante.

DROIT FRANÇAIS

DROIT FRANÇAIS

CESSION DE CRÉANCES

(Code civil, art. 1597. — 1689 à 1701.)

Les doutes que font naître en droit romain les deux systèmes que nous avons exposés sur la théorie de la cession des créances, sont dissipés en droit français par la place même qu'occupe dans le Code civil le transport des créances. C'est, en effet, au titre de la Vente et dans un chapitre spécial que la théorie de la cession des créances se trouve exposée.

Le législateur de 1804 a abandonné cette idée de relation toute personnelle et par suite incessible existant entre le créancier et le débiteur, idée qui a dû frapper les jurisconsultes romains et qui a frappé l'esprit si juridique de Pothier. La créance est ainsi devenue quelque chose de tout à fait impersonnel, une prestation dont le bénéficiaire peut changer sans que la position de l'obligé se trouve modifiée. Les créances sont considérées alors comme des biens, c'est-à-dire comme des éléments constitutifs du patrimoine; elles sont l'objet de conventions et se transmettent comme les objets corporels. Certaines conditions sont cependant nécessaires pour en assurer la transmission régulière, parfaite, opposable à tous.

Vis-à-vis du cessionnaire il n'est point besoin de conditions particulières; une fois l'accord intervenu entre le cédant et le cessionnaire, la créance passe à ce dernier par le seul effet de la cession.

Vis-à-vis des tiers, la propriété de la créance ainsi cédée est toujours censée reposer sur la tête du cédant, et ce n'est que par la signification du transport au débiteur cédé ou par l'acceptation authentique de ce dernier que, vis-à-vis des tiers, la propriété de la créance passe au cessionnaire. C'est ainsi qu'on est amené à constater une analogie entre les formalités nécessaires pour rendre le cessionnaire de la créance propriétaire vis-à-vis des tiers, et les formalités nécessaires pour rendre l'acheteur d'un immeuble propriétaire à l'égard de tous.

Ces considérations nous tracent la marche de notre travail : dans un premier chapitre, nous examinerons quelles sont les créances et actes qui peuvent faire l'objet d'une cession; ensuite nous développerons dans deux chapitres : 1° les conditions nécessaires pour qu'il y ait saisine; 2° les conséquences qu'entraînent la signification ou l'acceptation authentique du transport, ainsi que les conséquences résultant de leur omission. Dans le chapitre IV nous dirons quels droits et avantages passent au cessionnaire et quelles exceptions peuvent lui être opposées par le débiteur cédé. Dans le chapitre V nous traiterons des diverses garanties dues par le cédant. Dans le chapitre VI nous montrerons quelles analogies et quelles différences existent entre la cession des créances et deux autres actes juridiques : la subrogation et la délégation.

CHAPITRE PREMIER.

CRÉANCES ET ACTES QUI PEUVENT ÊTRE CÉDÉS.

Toutes les créances en général sont cessibles. Exemples : le prix d'un office peut être cédé avant la nomination du nouveau titulaire ; l'assuré peut céder ses droits éventuels au cas de sinistre ; la cession d'une créance conditionnelle peut, suivant la convention des parties, être subordonnée à la naissance de la créance, ou bien, au contraire, être parfaite dès l'origine et former ainsi un contrat aléatoire, etc. Ces exemples ne sont que l'application des principes généraux des contrats et notamment du contrat de vente ; mais il y a certaines créances dont l'aliénation est interdite en vertu de dispositions spéciales de la loi. Tels sont : les traitements de réforme, les pensions militaires ou civiles et celles de la Légion d'honneur, les rentes viagères de la caisse des retraites pour la vieillesse, les rentes viagères attachées à la médaille militaire, etc. Il faut remarquer toutefois que, parmi ces créances, il en est qui peuvent être saisies, soit pour certaines causes, soit d'une manière absolue, jusqu'à concurrence d'une certaine somme, et qu'alors elles deviennent cessibles dans cette mesure ; ainsi peuvent être cédés les arrérages de pension non touchés au décès du titulaire, les rentes viagères de la caisse des retraites au-delà de 360 francs.

Il est des cas où la loi ne s'est pas expliquée formellement et où cependant le droit de créance présente une telle analogie avec les cas prévus, qu'il semble que la cession doive en être prohibée. Peut-on, dans le silence de la loi, poser des règles permettant de résoudre la question pour toutes les espèces particulières? Peut-on trouver, en un mot, le *criterium* de la cessibilité des créances ? Non. On peut trouver des analogies, on ne saurait indiquer un *criterium* certain. Il faut donc, dans les espèces qui se présentent, examiner les faits et chercher des raisons juridiques pour se décider. Ainsi, par exemple, une créance d'aliments est-elle cessible? On distinguera suivant que les aliments sont dus en vertu de la loi *ex jure sanguinis,* ou en vertu d'une libéralité, soit testamentaire, soit entre-vifs. Quant aux premiers, on est d'accord pour leur incessibilité, le droit ayant son fondement dans une qualité toute personnelle et par suite intransmissible. Au contraire, la question est controversée quant aux aliments dus en vertu d'une convention. Troplong décide que c'est une créance comme une autre, et qu'une fois abdiquée par l'aliénation elle ne renaît pas à mesure que des besoins nouveaux surgissent. MM. Duranton, Aubry et Rau pensent, au contraire, que si toute créance insaisissable n'est pas par cela même nécessairement incessible, cela tient à ce que, dans certains cas, l'impossibilité de saisir n'a été édictée que pour des motifs spéciaux autres que la protection de la personne du débiteur; tel est le cas des rentes sur l'État; mais que si, au contraire, le législateur n'a déclaré la créance insaisissable que dans un but de protection du débiteur, c'est aller contre ses vues et rendre inefficaces ses dispositions que de repousser l'incessibilité. Ils concluent que la créance d'aliments, étant par le législateur déclarée insaisissable et inaliénable, doit, par cela même et en vertu des motifs qui ont dicté ses dispositions, être déclarée incessible, soit à titre onéreux, soit à titre gratuit, car c'est le seul moyen efficace d'atteindre le but de protection du législateur.

Mais au point de vue plus spécial de notre thèse, il faut se demander à quelles créances s'applique l'article 1690; quelles créances doivent être signifiées au débiteur cédé ou acceptées par lui?

La disposition de l'article 1690 s'applique aux cessions faites en la forme ordinaire du transport; elle ne concerne que les actes de cession proprement dits, et ne s'applique point dans les cas spécialement déterminés. Exemples : la transmission des rentes sur l'État s'opère par la voie du transfert; les effets négociables se transmettent par voie d'endossement ; les effets au porteur par la tradition manuelle.

CHAPITRE DEUXIÈME.

CONDITIONS POUR QU'IL Y AIT SAISINE DU CESSIONNAIRE ;
DE LA SIGNIFICATION ; DE L'ACCEPTATION.

En exposant notre sujet, nous avons déjà montré l'a-
nalogie qui existe entre la vente d'un objet corporel et
la cession d'une créance; la cession est parfaite dès que
l'accord est intervenu entre les parties contractantes,
mais seulement vis-à-vis des parties; il faut une formalité spéciale dont la nature et les effets sont réglés par
les articles 1690 et 1691 du Code civil, pour que la
transmission soit parfaite à l'égard des tiers. Cette formalité consiste dans la signification du transport faite au
débiteur cédé, ou bien dans l'acceptation du transport
par ce dernier. L'origine de ces formalités semble re-
monter à la constitution de Gordien; nous avons déterminé plus haut ce qu'était la *denuntiatio*, quels en
étaient les effets. Dans l'ancien droit français, cette formalité persiste, elle remplace dans la vente des créances
la tradition des objets corporels, nécessaire pour effec-

tuer le transport de propriété; de plus, elle rend cette
propriété parfaite, opposable aux tiers. « Un simple
transport ne saisit point, disait l'article 108 de la Coutume de Paris, mais il faut signifier le transport à la
partie et en bailler copie avant que d'exécuter. » Ainsi,
pour nos anciens auteurs, la signification est nécessaire
pour que le cessionnaire devienne propriétaire même à
l'égard de son vendeur, mais en même temps elle le
rend propriétaire à l'égard des tiers. Aujourd'hui, la
propriété entre les parties étant transférée par le seul
consentement, il faut une formalité, celle de l'art. 1690,
pour qu'elle soit transférée à l'égard des tiers.

De la signification. — La signification du transport
doit être faite par acte d'huissier, dans la forme ordinaire
des exploits à personne ou à domicile. D'ailleurs il n'est
pas nécessaire que la signification relate la contenance
littérale de l'acte de cession; il suffit que la substance en
soit indiquée, car il importe peu au débiteur de connaître les clauses et conditions de la cession; il suffit qu'il
soit prévenu d'une façon certaine de la transmission.
Aussi le Code civil n'a-t-il pas reproduit le texte de la
Coutume qui exigeait qu'il fût donné copie du transport,
et les mots « acceptation de transport » qui, dans l'article 1690, suivent les mots « signification de transport »,
indiquent la portée de ces derniers et repoussent l'idée
d'une copie complète de l'acte de cession. La signification ayant pour but de donner au débiteur connaissance

certaine du transport, doit être faite à personne ou à domicile, et il ne suffirait pas de faire notifier la cession au domicile élu pour l'exécution du contrat dont est née la créance cédée.

La signification doit être faite au débiteur cédé, mais elle peut l'être soit par le cédant, soit par le cessionnaire. Cela résulte des termes de l'article 1691, qui vise les deux cas. En général ce sera le cessionnaire qui fera la signification, car il y est le plus intéressé.

La loi n'a pas indiqué un terme fatal, après lequel la signification ne pourrait plus être faite utilement. Aussi faut-il décider qu'elle serait valable à toute époque, même après le décès du cédant et l'acceptation de sa succession sous bénéfice d'inventaire. On ne peut, en effet, étendre à cette hypothèse la disposition de l'article 2146 relative aux inscriptions de priviléges et d'hypothèques; la déchéance que prononce cet article est une peine qui n'a été nulle part édictée pour la cession des créances, de plus on ne comprendrait pas pourquoi les héritiers bénéficiaires pourraient se prétendre des tiers auxquels la cession n'est pas opposable, faute de signification, alors que le bénéfice d'inventaire n'a pas pour effet d'enlever aux héritiers leur qualité de continuateurs de la personne du défunt.

Quant à la date de la signification, elle est indiquée par l'exploit de l'huissier. Mais il se peut que plusieurs significations aient été faites le même jour; dans ce cas, comme il est impossible de déterminer l'antériorité, les différents cessionnaires viendront en concours ; mais si les actes d'huissier contiennent la désignation de l'heure à laquelle ils ont été signifiés, la première signification devra primer les autres.

De l'acceptation. — Le second moyen de rendre la cession opposable aux tiers est l'acceptation qui en est faite par le débiteur dans un acte authentique. Un acte sous seing privé, même enregistré, ne suffirait pas pour saisir le cessionnaire à l'encontre d'autres intéressés. On a voulu prévenir les fraudes ; car les parties auraient pu, en produisant ou ne produisant pas l'acte sous seing privé contenant l'acceptation, anéantir ou faire valoir à leur gré les cessions postérieures ou les saisies-arrêts pratiquées sur la créance. De plus, l'authenticité de l'acceptation est une protection du débiteur cédé, qui peut l'opposer à la poursuite soit du cédant, soit d'un cessionnaire ultérieur. L'acceptation pourra d'ailleurs être faite, soit par acte séparé, soit dans l'acte même de cession, pourvu qu'il soit authentique. Elle serait efficace à l'encontre du débiteur cédé alors même qu'elle ne serait pas conforme aux dispositions de la loi ; celui en effet qui aurait, soit verbalement, soit par acte sous seing privé, reconnu le cessionnaire pour son créancier, ne pourrait pas valablement se libérer entre les mains du cédant ; mais il pourrait arriver qu'un second cessionnaire, signifiant son titre au débiteur, exigeât de lui le paiement; dans ce cas, le débiteur, malgré la première cession de lui connue ne pourrait pas refuser de satisfaire au second cessionnaire, car, pour ce dernier, la cession antérieure est de nul effet; il devrait donc payer, et le premier cessionnaire ne pourrait le contraindre à payer une seconde fois, à moins qu'il ne se soit formellement engagé à payer entre ses mains et qu'il ne l'ait expressément dégagé de la nécessité de toute signification, se portant ainsi garant de la bonne foi du créancier primitif et prenant à sa charge le risque des événements ultérieurs.

Les moyens indiqués par l'article 1690 pour saisir le cessionnaire de son droit, ne produisent pas tous deux les mêmes effets, et l'acceptation que le débiteur aurait faite de la cession sera quelquefois plus avantageuse au cessionnaire que la signification. Ce résultat se produira dans le cas où le débiteur serait lui-même créancier du cédant. En effet, en cas d'acceptation, toutes les causes de compensation que le débiteur aurait pu opposer au cédant seront sans effet contre le cessionnaire, tandis que la signification n'empêche que la compensation des créances postérieures à cette signification. La raison de la différence est facile à saisir : en acceptant la cession, le débiteur reconnaît que c'est au cessionnaire qu'il est désormais tenu de payer, il le reconnaît pour son créancier direct et abandonne les exceptions qu'il aurait du chef du cédant. La signification, au contraire, est un fait indépendant du cédé, elle ne contient de sa part aucun aveu, aucune renonciation, et ne peut avoir effet que pour l'avenir. Il n'y a pas lieu, du reste, de distinguer suivant que le débiteur ignorait ou non les causes de compensation au moment de son acceptation ; la renonciation tacite que l'article 1295 fait résulter de cette acceptation a lieu sans restriction, et le débiteur a ainsi contracté avec le cessionnaire une obligation personnelle qu'il est tenu d'accomplir et contre laquelle il ne pourrait se faire restituer que pour cause de dol ou de violence. Cependant, en acceptant, le débiteur pourrait faire ses réserves, quant aux causes de compensation dont il ignorerait l'existence, et cela serait valable.

Les formalités de l'article 1690 sont-elles exclusives de toute autre formalité semblable ? ne pourraient-elles point être remplacées par un acte équivalent ? par la connaissance acquise du transport ? La question se présente relativement à plusieurs personnes. D'abord, quant aux créanciers du cédant, il est certain que la connaissance acquise par eux d'une cession non signifiée ni acceptée, ne peut nullement être un obstacle à l'exercice de leurs droits. La question est plus délicate soit à l'égard d'un second cessionnaire, soit à l'égard du débiteur cédé. En principe, les formalités de l'article 1690 sont nécessaires pour rendre la cession efficace, et si le débiteur a payé au créancier ou à un second cessionnaire qui s'est mis en règle, il sera valablement libéré. Mais il faut admettre avec quelques auteurs que le débiteur cédé ne serait pas libéré, s'il payait au créancier originaire par collusion avec lui ou par suite d'une imprudence grave qui le constituerait en état de mauvaise foi. De même à l'égard d'un second cessionnaire qui, connaissant le transport effectué et non signifié ni accepté, aurait de mauvaise foi rempli les formalités de l'article 1690 et exigé le paiement du débiteur.

Dans ces deux cas, le premier cessionnaire pourrait recourir, soit contre le second cessionnaire, soit contre le débiteur; car les formalités édictées par l'article 1690 ont eu pour but la protection des tiers et ne peuvent servir à assurer l'impunité de personnes de mauvaise foi ou tout au moins coupables d'une grave imprudence.

CHAPITRE TROISIÈME

SECTION Ire.

Conséquences du défaut de signification ou d'acceptation authentique du transport.

Avant la signification, les tiers sont réputés ignorer la cession ; elle est pour eux comme non existante, on ne peut la leur opposer. On doit entendre par *tiers* en cette matière, tous ceux qui ont un intérêt légitime à écarter la cession pour faire maintenir des droits ou avantages acquis depuis sa passation. On doit donc considérer comme des tiers, non-seulement de nouveaux cessionnaires, et le débiteur cédé qui a fait des paiements au cédant ou qui a traité avec lui au sujet de la créance cédée, mais encore les créanciers de ce dernier, antérieurs ou postérieurs à la cession, en tant que, par des saisies-arrêts pratiquées sur la créance cédée, ou par l'effet de la déclaration de faillite du cédant, ils ont acquis sur cette créance des droits distincts de ceux de leur débiteur.

Examinons quelles sont, vis-à-vis des trois classes de

personnes comprises sous la dénomination de tiers, les conséquences du défaut de signification ou d'acceptation authentique du transport.

§ 1. — *Débiteur cédé.*

Le débiteur cédé se libère valablement par les paiements faits entre les mains du cédant avant la signification ou l'acceptation du transport. (Art. 1691.) Une question controversée se présente : faut-il que les quittances qui constatent les paiements aient reçu date certaine antérieure à la signification ? Si on ne consultait que les termes de l'article 1328, il faudrait répondre affirmativement, car il est incontestable que, relativement au paiement effectué, le cessionnaire est un tiers. Il ne peut être considéré comme un ayant cause, bien qu'il ait succédé aux droits du cédant; car, si l'on voulait entendre avec cette étendue le terme *ayant cause* de l'article 1322, on ne trouverait personne tombant sous l'application de l'article 1328 ; en effet, on n'a jamais intérêt à invoquer un acte que contre ceux qui ont succédé aux droits de celui avec lequel on a traité. Ainsi le cessionnaire, bien qu'étant l'ayant cause du cédant, doit être considéré comme un tiers dans le sens de l'article 1328, et par suite il semble que les paiements faits par le cédé devront avoir date certaine pour être oppo-

sables au cessionnaire. Cette doctrine est cependant re-
poussée ; avec raison on admet que l'article 1328 ne
s'applique pas aux simples quittances. En effet, on le
décidait ainsi dans l'ancien droit : « Nonobstant la signification, dit Bourjon, dans les cas mêmes où le transport a été signifié, les quittances que le débiteur a du
cédant, quoique sous signature privée, peuvent être opposées au cessionnaire, pourvu que cela se fasse incontinent après. » Il n'est pas probable que les rédacteurs
du Code aient innové en cette matière ; les inconvénients sont en effet les mêmes que dans l'ancien droit,
car on ne peut raisonnablement exiger qu'un débiteur,
faisant de nombreux paiements de sommes modiques,
aille faire enregistrer toutes ses quittances. L'article 571
du Code de procédure, exigeant que le tiers saisi affirme
sa déclaration relativement à ce qu'il doit et aux paiements qu'il peut avoir faits, est entendu dans la pratique
comme s'appliquant aux quittances non enregistrées, et
il n'y a pas de motif pour refuser au débiteur cédé le
droit qu'on accorde au débiteur saisi. — Faut-il exiger
encore, comme dans l'ancien droit, que la quittance soit
produite incontinent ? Non ; les tribunaux ont, en l'ab-
sence de texte, le pouvoir d'apprécier, même pour une
quittance opposée tardivement, si, d'après les faits de la
cause, ils devront ou non en admettre la sincérité.

§ 2. — *Concours de deux cessionnaires successifs.*

Si le créancier, après avoir vendu sa créance à un premier acheteur, la cède ensuite à un second cessionnaire, et que celui-ci fasse le premier les significations exigées par l'article 1690, il sera devenu le véritable créancier. Cela tient à ce que le second cessionnaire est étranger à la première vente; il est un tiers dans le sens de l'article 1690, et, quant à lui, la signification pourrait seule dépouiller le créancier de ses droits. Et qu'on ne dise pas que la vente étant parfaite par le seul consentement, le créancier primitif ne peut plus céder un droit qu'il a déjà aliéné! Ce serait méconnaître le principe juridique d'après lequel un même acte peut être considéré tout à la fois comme valable à l'égard de certaines personnes et comme non avenu pour d'autres, principe dont l'application se rencontre en maints endroits dans nos lois. — Il n'y a pas lieu, d'ailleurs, de distinguer suivant que le premier cessionnaire a été ou non mis en possession des titres constatant la créance; cette remise ne concerne que l'obligation de délivrance, et le transport de propriété en est complétement indépendant.

Avant la notification, le cessionnaire, quoique non saisi à l'égard des tiers, peut cependant faire contre eux les actes conservatoires de son droit. Ainsi il peut inscrire une hypothèque en son propre nom, faire renouveler une inscription sur le point d'être périmée, interposer des saisies-arrêts entre les mains des débiteurs du débiteur cédé, former une surenchère contre un tiers détenteur en train de purger l'immeuble hypothéqué. Ces actes sont, en effet, des moyens pour le cessionnaire de conserver l'intégrité de son gage.

§ 3. — *Créanciers du cédant.*

Jusqu'à l'acceptation ou la signification du transport, les créanciers du cédant peuvent frapper de saisie-arrêt la créance cédée, alors même que leurs titres seraient postérieurs à la cession. Ils sont, en effet, des *tiers* dans l'acception de l'article 1690 ; jusqu'à l'acceptation ou la signification, la cession n'existe pas pour eux, la créance de leur débiteur fait toujours partie de son patrimoine, elle est leur gage et ils peuvent faire des saisies-arrêts sur cette créance.

Quant au cédant, le défaut d'acceptation authentique ou de signification du transport fait qu'il conserve, tant vis-à-vis des tiers que du débiteur, le droit de faire tous les actes conservatoires de la créance. C'est ainsi qu'il peut exercer les actions et poursuites relatives à sa créance. Il faut cependant, dans ce cas, décider avec la doctrine et la jurisprudence que, si le débiteur cédé est

actionné ou poursuivi par le cédant, il pourra provoquer
la mise en cause du cessionnaire s'il a un recours à
craindre de la part de ce dernier. Ce recours peut
naître, en effet, de ce que le cessionnaire pourrait avoir
du débiteur cédé une promesse verbale ou un sous-seing
privé constatant que le débiteur n'ignorait pas la cession,
et que, par conséquent, il s'était engagé à ne rien traiter
avec le cédant sans avoir au préalable averti le cessionnaire. Ce tempérament est juste et rationnel : le débiteur
cédé, ayant eu une connaissance même indirecte de la
cession, doit avertir le cessionnaire des agissements du
cédant.

SECTION II.

Conséquences de la signification ou de l'acceptation authentique du transport.

L'accomplissement de l'une ou de l'autre de ces
conditions investit, d'une manière complète, le cessionnaire de la propriété de la créance cédée, à supposer
qu'elle soit restée jusque-là complétement disponible.

Des questions délicates ont été soulevées sur le point
de savoir quel effet on doit attribuer à la signification
d'un transport faite après une saisie-arrêt sur la créance
cédée. Des auteurs estimés ont pensé qu'une signification faite dans ce cas ne pouvait nuire aux droits du
saisissant, qu'elle ne pouvait valoir comme une opposi-

tion au regard de ce dernier, qui devait ainsi être préféré au cessionnaire. Ces auteurs appuient leur opinion sur des arguments puisés dans le droit coutumier. On a répondu avec raison que, si cette opinion était conforme aux principes de droit coutumier sur cette matière, elle était en désaccord avec les opinions qui régissent actuellement la matière de la saisie-arrêt. En effet, la saisie-arrêt est une mesure de précaution qui sauvegarde efficacement les droits d'un créancier, mais qui n'engendre, au profit de celui qui la pratique, aucun droit de préférence; c'est ce qu'on entend par la maxime : *Main de justice ne dessaisit et ne saisit personne.*

La signification d'un transport faite après une saisie-arrêt sur la créance cédée vaut donc opposition au regard du saisissant.

En supposant maintenant que la signification du transport précédée d'un saisie-arrêt sur la créance cédée soit suivie d'une autre saisie-arrêt pratiquée sur la même créance, nous touchons à une question des plus controversées de la matière. De nombreux systèmes se sont produits pour régler les parts afférentes à chacune des parties : le premier saisissant, le cessionnaire et le second saisissant.

Les systèmes, avons-nous dit, sont nombreux; ils peuvent cependant se ramener à quatre principaux. Pour appuyer sur des chiffres les systèmes que nous avons l'intention d'exposer, il faut prendre un exemple.

Supposons qu'une créance de 3,000 fr. cédée à Secundus ait été frappée, par Primus, de saisie-arrêt pour 1,500 fr. avant toute acceptation ou notification du transport, et que, postérieurement à l'accomplissement de l'une ou de l'autre de ces conditions, Tertius ait pratiqué une nouvelle saisie-arrêt pour pareille somme de 1,500 fr. Comment se régleront les droits de Primus, Secundus et Tertius? Quelle part chacun prendra-t-il dans les 3,000 fr.?

Dans un premier système, M. Villequez (*Revue historique*, 1862, pages 489 et suiv.) expose que la signification ayant fait sortir la créance du patrimoine du cédant, aucun droit ne peut aller désormais contre le sien ; la première saisie est valable contre le cessionnaire, mais elle ne peut faire que le second saisissant, qui ne trouve plus la créance dans le patrimoine de son débiteur, acquière des droits sur cette créance. Quant au premier saisissant, il ne vient pas au marc-le-franc avec le cessionnaire, car ce dernier n'est point un créancier, mais simplement un cessionnaire. Or, puisque la cession ne peut, d'après l'article 1690, nuire au créancier saisissant antérieur à la signification, ce créancier prend seul le montant des causes de la saisie; et puisque la cession signifiée rend désormais inutile toute saisie-arrêt, le cessionnaire prend tout le reste de la créance. Les partisans de ce système attribuent donc, sur la somme de 3,000 fr. : 1,500 fr. à Primus et 1,500 fr. à Secundus, ne laissant rien pour Tertius.

Ce système doit être rejeté en partie : nous en avons déjà donné les raisons. Il n'est pas exact de dire que le cessionnaire n'est pas un créancier, de dire que la cession ne doit pas valoir comme une opposition. Ce résultat est contraire aux principes qui régissent la matière des saisies-arrêts ; en effet, de ce que le débiteur tiers saisi ne peut plus, au préjudice du saisissant, faire un paiement valable, opposer en compensation une créance postérieure à la saisie, il ne s'ensuit pas que le saisi soit dépouillé de la faculté de contracter de nouvelles dettes. Le créancier saisissant reste, après comme avant la saisie, un simple créancier chirographaire, et il est comme tel exposé à voir diminuer son gage par le concours de tous les créanciers envers lesquels son débiteur s'obligera. Or, le cessionnaire est un créancier à raison de la garantie qui lui est due.

Marcadé, dans son commentaire sur l'article 1691, propose une solution plus compliquée. Cet auteur repousse l'opinion soutenue par M. Villequez, à savoir que la cession fait sortir la créance du patrimoine du cédant ; il admet, par conséquent, le recours du saisissant postérieur. Mais, pour faire les attributions, il remarque que le cessionnaire réunit en lui deux qualités : sa qualité de cessionnaire quant à l'excédant des causes de la saisie, et la qualité de créancier du cédant pour la totalité de la somme payée, en vertu de l'obligation de garantie. Il peut, dit-il, invoquer à son choix l'une ou l'autre des deux qualités, mais il ne peut pas les cumuler.

Se présente-t-il comme cessionnaire, il a droit exclusif à 1,500 fr., et les 1,500 fr. restant se partagent au marc-le-franc entre les deux créanciers saisissants. Invoque-t-il, au contraire, sa qualité de créancier, il n'est plus qu'un créancier saisissant comme les autres, la cession est non avenue pour tous, et les 3,000 fr. se partagent entre les trois créanciers au prorata de leurs créances, ce qui attribuerait dans l'espèce 750 fr. à Primus, 1,500 fr. à Secundus et 750 fr. à Tertius; mais ce qui amènerait des résultats différends si l'on changeait les chiffres proposés. Ainsi, en supposant toujours la créance de 3,000 fr., si Primus avait saisi pour 3,000 fr. et Tertius aussi pour 3,000 fr., Secundus, se présentant comme cessionnaire, n'aurait rien; se présentant comme créancier, il aurait 1,000 fr. comme Primus et Secundus ; il aurait donc avantage à invoquer sa qualité de créancier. Mais, à l'inverse, si Primus avait saisi pour 500 fr. et Tertius pour 2,500 fr.; Secundus, agissant comme créancier, aurait 1,500 fr., Primus prenant 250 fr. et Tertius 1,250 fr.; agissant comme cessionnaire, il aurait 2,500 fr., tandis que Primus et Tertius n'auraient plus que 250 fr. Marcadé donne ici encore 250 fr. à Primus, parce que, dit-il, la cession ne pouvant nuire à Primus, il doit toujours avoir au moins autant que si les deux autres n'étaient que des opposants. Dans notre dernière hypothèse, Secundus a avantage à invoquer sa qualité de cessionnaire.

MM. Aubry et Rau admettent le même principe que Marcadé, à savoir que le saisissant postérieur vient en concours avec le premier; mais ils se séparent de lui quant à la manière d'entendre le recours du saisissant postérieur. C'est ainsi que ces auteurs enseignent qu'il faut d'abord faire abstraction de la saisie-arrêt faite par Tertius, et partager la créance entre le premier saisissant et le cessionnaire, au prorata de leurs droits; ce qui donne 1,000 fr. à Primus et 2,000 fr. à Secundus. Puis ils font intervenir le deuxième saisissant, Tertius, et comme, à son égard, la saisie-arrêt de Primus n'a pu lui conférer un privilége, ils lui permettent de concourir avec Primus sur les 1,000 fr. que le premier partage lui a attribués; de telle sorte que Tertius prend 500 fr. Mais alors Primus n'a plus que 500 fr., tandis que si le cessionnaire était un simple opposant, il aurait eu 750 fr.: or le cessionnaire ne peut se prévaloir contre Primus que de sa qualité de créancier opposant et non de la cession, puisque la cession n'a point d'effet contre le premier saisissant, donc Primus pourra recourir contre Secundus pour les 250 fr. qui lui manquent; de telle sorte que, en fin de compte, Primus aura 750 fr.; Secundus, 1,750 fr., et Tertius, 500 fr.

La solution de la question se trouve, selon nous, éparse dans ces trois systèmes, et le quatrième, dont MM. Troplong et Duranton (11, 927; — XVI, 501) sont partisans, est également celui pour lequel nous nous décidons.

Pour l'exposer, nous suivrons l'opinion de MM. Aubry et Rau dans les développements que ces auteurs présentent pour soutenir que la cession vaut comme opposition vis-à-vis d'un saisissant; nous n'abandonnerons leur système que lorsqu'ils appliquent à notre question la règle que les premiers saisissants ne peuvent avoir plus de droit que les saisissants postérieurs à la signification de la cession.

Il faut tout d'abord admettre que vis-à-vis d'un premier saisissant le cessionnaire est un opposant : ce point nous semble résulter de la réfutation que nous avons faite plus haut de l'opinion contraire appuyée par des arguments puisés dans l'ancien droit et exposée par M. Villequez. Nous avons dit que l'opinion soutenue par cet auteur était contraire à la maxime : *Main de justice ne dessaisit et ne saisit personne,* et ne pourrait s'expliquer que par le privilége que l'article 178 de la Coutume de Paris accordait au premier saisissant, privilége qui constituait pour lui un droit acquis, dont il ne pouvait pas plus être privé par la signification ultérieure d'un transport, que par une nouvelle saisie-arrêt. Or, aujourd'hui que l'antériorité de poursuites n'engendre plus, au profit du créancier qui les a exercées, de droit de préférence, on est nécessairement amené à reconnaître que la signification d'un transport vaut tout au moins opposition à l'égard d'un saisissant antérieur, et cela d'autant mieux que le cessionnaire pourrait toujours, en gérant comme simple créancier du cédant à raison de la garantie qui lui est due, pratiquer à son tour une saisie-arrêt.

Ces raisonnements juridiques, tirés de la nature même de la saisie-arrêt, nous amènent à conclure que le cessionnaire est un véritable saisissant-opposant, et que par conséquent il faut que le premier saisissant partage avec lui au marc-le-franc la créance cédée.

« Mais, ajoutent MM. Aubry et Rau, s'il existe des créanciers-saisissants postérieurs, ils sont également des opposants, en ce sens qu'ils viennent en concours avec les premiers saisissants, et que ces derniers n'ont pas un droit de préférence sur les seconds. » En effet, la première saisie-arrêt a placé la créance sous la main de justice ; mais celui qui l'a jetée est toujours simple créancier chirographaire du saisi, on ne peut donc lui en attribuer le montant au préjudice des saisissants postérieurs ; autrement on rétablirait le privilége de l'ancien droit, on violerait les articles 2095 du Code Napoléon et 579 du Code de procédure.

Ces raisons ne sont pas décisives. En effet, la saisie d'une créance n'empêche pas qu'elle ne puisse être aliénée, et la preuve en est que le cédant, ou le cessionnaire, n'a qu'à désintéresser le créancier saisissant, et la cession sera valable sans restriction, personne ne pourra plus la critiquer. Dès lors que la cession est valable, les opposants ne font pas, eux, un acte valable quand ils

viennent saisir une créance aliénée, et par suite on ne
saurait comprendre leur concours avec un saisissant antérieur. Celui-ci n'a agi que dans la limite de son intérêt,
il a saisi la créance et l'a grevée d'un droit, mais il n'a
pas fait l'affaire des saisissants, qui ne se présenteront
qu'après le dessaisissement du cédant. Ce dessaisissement,
résultant de l'aliénation signifiée, produit un résultat
analogue au jugement de validité de saisie. Tout le monde
admet que, si le jugement de validité de saisie était intervenu avant la dernière opposition, celle-ci serait nulle complétement. Pourquoi donc la signification de la cession, qui
opère transport vis-à-vis des tiers, ne produirait-elle pas
un effet aussi énergique que le jugement de validité de
saisie ? D'ailleurs, les opposants n'ont pas à se plaindre,
le saisissant ne leur enlève rien, puisque, sans sa saisie,
ils n'auraient rien eu, la signification ayant complétement
fait disparaître leur gage. Le premier saisissant ne porte
atteinte qu'aux droits du cessionnaire ; à la vérité, il pro-
fite de l'inaction des opposants postérieurs avec lesquels
il n'est plus forcé de concourir, mais cela se produit par
un fait indépendant de sa volonté, par le fait du cessionnaire, et il est juste que celui qui prend toutes les
mesures nécessaires à la conservation de son droit, pro-
fite de sa vigilance, *jus civile vigilantibus scriptum est*.

Ainsi, c'est parce que la signification de la cession a
dessaisi vis-à-vis des tiers le créancier primitif que les
créanciers postérieurs ne peuvent utilement saisir-arrêter

une créance qui n'est plus dans le patrimoine de leur débiteur.

En résumé, les créanciers du cédant qui ont pratiqué des saisies-arrêts sur la créance, avant la signification de la cession, ont un droit sur le montant, le cessionnaire vient en concours avec eux, car, à leur égard, il est un véritable opposant, créancier du cédant. Quant aux saisies-arrêts pratiquées postérieurement à la signification de la créance ou à son acceptation authentique, elles sont nulles comme pratiquées sur une créance qui ne fait plus partie du patrimoine du cédant. Dans l'espèce citée plus haut, Primus aura donc 1,000, Secundus 2,000, Tertius n'aura rien.

CHAPITRE QUATRIÈME.

DROITS ET AVANTAGES QUI PASSENT AU CESSIONNAIRE. —
EXCEPTIONS QUI PEUVENT LUI ÊTRE OPPOSÉES.

Les accessoires d'une créance cédée passent au cessionnaire. L'article 1692, qui contient cette disposition, ne fait qu'une énumération non restrictive des accessoires d'une créance : ce sont les cautions, priviléges et hypothèques, ou plus généralement les droits qui s'évanouissent par l'extinction du droit principal. Ces droits passent au cessionnaire. Indépendamment de ceux contenus dans l'article, les accessoires d'une créance comprennent les droits de gage et d'antichrèse, le titre exécutoire, alors même qu'il résulterait d'une créance constatée par acte authentique, et que la cession n'aurait été faite que par acte sous seing privé.

Quant aux intérêts de la créance, si l'acte de cession ne les vise, ils passent également au cessionnaire. Les intérêts, en effet, ne sont qu'une dépendance de la créance, tellement que, si le capital était prescrit, les intérêts échus, même depuis moins de cinq ans, ne

pourraient pas être réclamés ; de plus, le vendeur est
obligé de remettre les titres à l'acheteur, ce qui semble
bien devoir entraîner dans la pensée des parties l'impossibilité, pour le vendeur, de poursuivre désormais le
paiement de quoi que ce soit contre le débiteur. Enfin,
on pourrait argumenter de l'article 1602, d'après
lequel tout pacte ambigu s'interprète contre le vendeur.

Faut-il comprendre parmi les accessoires de la créance
et considérer comme transmises de plein droit au cessionnaire les actions en nullité, en rescision ou en résolution qui compétaient au cédant en vertu du contrat
générateur de la créance ? Les auteurs s'accordent pour
décider que, dans l'hypothèse d'une cession comprenant
tous les droits et actions qui appartiennent au cédant, les
actions en nullité ou en rescision sont comprises dans la
cession. En effet, il n'y a point place à un doute, à
moins que les autres termes de l'acte de cession ne con-
tredisent la généralité de ces expressions, cas auquel les
tribunaux auraient à faire l'appréciation de l'intention
commune des parties.

Quid s'il s'agit d'une créance déterminée et qu'on n'ait
pas employé les termes généraux que nous avons indiqués ? Marcadé repousse l'extension de la cession à toutes
les actions dont nous avons parlé. MM. Aubry et Rau
comprennent dans la cession l'action en résolution de
vente pour défaut de paiement du prix et en exceptent

les autres. Quant à l'action en résolution pour non-paie-
ment, on ne saurait admettre l'opinion de Marcadé, car
cette action est un moyen de faire valoir la créance ;
elle est, comme le privilége du vendeur, un accessoire
de la créance destiné à en assurer le paiement, et se
trouve par là même virtuellement comprise dans la cession, car telle a dû être l'intention des parties. Quant
aux autres actions en résolution, nullité ou rescision, on
ne peut décider de même. Ainsi, le vendeur, trompé sur
la valeur de l'immeuble, l'a vendu pour un prix inférieur
aux sept douzièmes de sa valeur, il a cédé sa créance,
peut-être encore pour un prix modique : doit-on décider
que son action en rescision a passé, avec la créance, au
cessionnaire? Non. Il n'est pas possible que telle ait été
l'intention des parties, et il est plus conforme à l'esprit
de la loi de décider que c'est le vendeur primitif, et non
le cessionnaire, qui pourra, en exerçant l'action, rentrer
dans la propriété de son immeuble.

A ces actions nous devons ajouter l'action résultant
de la faculté de rachat, bien que les raisons données
plus haut s'appliquent ici avec moins de force ; mais on
ne peut raisonnablement voir, dans le droit au réméré,
un accessoire de la créance passant au *cessionnaire*,
à moins que l'acte de vente ne le laisse supposer.

La créance passe au cessionnaire avec tous les avantages qu'elle avait entre les mains du cédant ; toutefois
le cessionnaire ne pourrait pas se prévaloir des avanta-

ges qui résultent d'une condition toute personnelle au
cédant, et réciproquement le cessionnaire pourrait invoquer des bénéfices à lui personnels dont ne jouissait pas
le cédant. Exemple : si un mineur cède sa créance à un
majeur, la prescription qui était suspendue en faveur du
cédant court contre le cessionnaire, et à l'inverse, si
le cessionnaire était mineur, la prescription serait suspendue, bien que le cédant fût majeur.

Si par l'effet de la cession, la créance cédée passe au
cessionnaire avec tous les avantages, elle ne lui passe
également qu'avec les vices dont elle est entachée ; et le
débiteur n'est tenu envers le cessionnaire que dans la
mesure de son obligation envers le cédant. Il pourrait
lui opposer toutes les exceptions qu'il aurait pu opposer à son créancier primitif. Ainsi, le débiteur cédé
pourrait opposer à son créancier une demande en réduc-
tion de prix de la chose vendue, par suite de défauts
cachés de cette chose la rendant impropre à l'usage auquel elle était destinée. Il faut remarquer que le débiteur
cédé, pour conserver les exceptions qui lui compètent,
n'est tenu de faire aucune réserve, soit au moment de la
signification, soit même au moment de l'acceptation ;
à moins que, d'après les circonstances, son acceptation
puisse être considérée comme emportant une renonciation tacite à se prévaloir des exceptions qu'il connaissait
et dont il pouvait légitimement faire la remise.

Le débiteur qui aurait payé au cessionnaire pourrait

exercer contre lui les mêmes recours qu'il aurait pu exercer contre son cédant ; par exemple, débiteur en vertu d'une vente, il a payé le cessionnaire, et plus tard il a été évincé de l'immeuble vendu : dans ce cas il pourra agir contre le cessionnaire en restitution du prix, et contre son vendeur en paiement de toute autre indemnité résultant des dommages que pourra lui causer l'éviction.

Nous mentionnons ici, sans les discuter, les difficultés qui naissent lorsqu'une créance est cédée par un étranger à un Français, et réciproquement. Des considérations d'un autre ordre d'idées doivent nécessairement amener des exceptions aux principes que nous établissons. Ainsi, pour en citer une comme exemple : un Français devient le cessionnaire d'un étranger ; dans ce cas, nous pensons que le Français peut appeler l'étranger cédé devant les tribunaux de France, et cependant nous admettons qu'un étranger cessionnaire d'un Français d'une créance contre un Français ne pourra point réclamer le même bénéfice et appeler le débiteur cédé devant la justice étrangère. Il est, en effet, en ces matières, des considérations d'un ordre plus élevé qui priment les règles spéciales de notre matière.

CHAPITRE CINQUIÈME.

DE LA GARANTIE DUE PAR LE CÉDANT.

Le contrat de cession est parfait par le seul consentement à l'égard des parties, il est parfait à l'égard de tous par la signification qui en est faite au débiteur cédé ou par son acceptation authentique. Le cédant a remis au cessionnaire les titres constatant la créance. L'opération est faite, cependant il reste à la charge du cédant une obligation : celui qui vend une créance doit en garantir l'existence au temps du transport, quoiqu'il soit fait sans garantie. (Art. 1693.)

Du texte même il résulte que le vendeur est tenu d'une certaine garantie, même au cas de non-stipulation. Si la stipulation de garantie est contenue dans l'acte, on se trouve en présence de deux espèces de garantie : la garantie dont parle explicitement l'article 1693, *garantie de droit*, et la garantie stipulée, *garantie de fait*, qui elle-même se subdivise.

1° *Garantie de droit*. — Elle résulte de la nature

même du contrat et consiste dans la nécessité pour le
cédant de garantir au cessionnaire l'existence et la légitimité de la créance au moment du transport.

Il pourrait arriver en effet que la créance existât en
apparence, et que le vendeur remît à l'acheteur les titres
constatant son droit, et que cependant ce droit n'existât
pas en réalité, parce que le débiteur pourrait opposer
une compensation ou une prescription ; dans ce cas, le
vendeur serait tenu à la garantie, car la compensation a,
comme le paiement, éteint la créance de plein droit et
libéré le débiteur ; de même pour la prescription. En
effet, bien que le débiteur puisse ne pas opposer la prescription et que le juge ne puisse la suppléer d'office, elle
ne fournit pas moins une exception péremptoire, qui, jus-
tifiée en justice, libère le débiteur comme un paiement
ou comme une remise de la dette. Mais il n'en serait évidemment plus de même s'il s'agissait d'une créance dont
la prescription avait commencé à courir, mais n'était pas
encore accomplie ; dans ce cas, le cessionnaire, pourvu
qu'il ait eu un délai suffisant, devrait s'imputer à lui-
même de n'avoir pas accompli en temps utile les actes
interruptifs de prescription, et le cédant ne serait tenu
d'aucune garantie. Remarquons d'ailleurs, à cet égard,
que la signification du transport faite au débiteur n'est
pas un acte interruptif de prescription.

La garantie de droit s'étend également aux accessoires
qui en assurent le paiement. Ainsi, le vendeur doit ga-

rantie pour l'existence des hypothèques, des gages, des cautions qu'il a annoncés comme accompagnant la créance ; mais il ne répond ni de la solvabilité des cautions, ni de la suffisance des gages ou hypothèques.

L'article 1630 détermine l'étendue de cette obligation de garantie. Elle comprend : 1° la restitution du prix pour lequel la cession a été faite ; 2° celle des intérêts du prix de cession ; 3° les frais faits sur la demande en garantie ; 4° enfin les dommages-intérêts ainsi que les frais et loyaux coûts du contrat. Une question se présente : le cessionnaire peut-il, en s'appuyant sur le 4°, réclamer le montant total de la créance cédée, dans le cas où il justifie de la solvabilité du débiteur ?

A ne s'en tenir qu'aux principes généraux, la question devrait être résolue affirmativement ; car il y a là pour l'acheteur un dommage certain, s'il prouve que la chose a, au moment de l'éviction, une valeur égale au montant de la créance. Cependant la plupart des auteurs décident que le cessionnaire ne pourra jamais exiger le montant intégral de la créance. Et en effet, nous verrons que, dans le cas où le vendeur a promis la garantie de la solvabilité du débiteur, il n'est tenu que jusqu'à concurrence seulement du prix qu'il a retiré de la cession ; alors pourquoi serait-il tenu de la valeur numérique totale de la créance, quand il est resté dans les limites de la garantie légale au lieu d'en étendre la portée ? On ne saurait admettre une telle anomalie. D'ailleurs la loi

voit avec défaveur les acheteurs de créance ; il est dans
son esprit de les protéger contre la mauvaise foi du
cédant, mais non pas de leur assurer le bénéfice de leur
opération.

Évidemment cette garantie de droit cesse lorsque la
créance a été vendue comme droit litigieux, comme une
simple prétention ; car, en ce cas, il y a un simple contrat aléatoire, le prix ne devrait pas être restitué par le
vendeur. Il en serait de même si l'acheteur avait acheté
à ses risques et périls, ou encore si, à la clause de non-
garantie stipulée par le vendeur, se joignait la connaissance qu'avait l'acheteur de l'incertitude de la créance.
En un mot, il faut appliquer ici la disposition de l'article 1629, en assimilant à la connaissance du danger d'é-
viction la connaissance de l'incertitude du droit cédé.
Ce serait d'ailleurs aux tribunaux qu'il appartiendrait
d'apprécier les circonstances de l'affaire et de déterminer
si les parties ont voulu faire un contrat aléatoire ou une
cession ordinaire.

Que faudrait-il décider dans le cas où le vendeur aurait stipulé la non-garantie et où d'ailleurs on ne se trouverait pas dans aucune des hypothèses qui font de la
cession un véritable contrat aléatoire ? L'article 1629
décide que, dans ce cas, le vendeur, en cas d'éviction,
doit restituer le prix qu'il a touché, et l'article 1693 ne
fait que confirmer la décision donnée pour les ventes de
choses corporelles. Ainsi, dans ce cas, le vendeur resti-

7

tuera le prix, mais il ne sera pas tenu de payer les dommages-intérêts soit pour les frais et loyaux coûts du contrat, soit pour toute autre cause. Du reste, en toute cette matière, l'intention des parties est la souveraine loi, et il pourrait arriver que, dans leur pensée, la clause de non-garantie n'ait eu pour but que d'exclure la garantie de la solvabilité; ce serait là une clause inutile, dont l'effet devrait être réglé d'après la volonté des parties.

2° *Garantie de fait.* — De plein droit, avons-nous dit, le cédant ne répond que de l'existence et de la légitimité de la créance; il ne répond pas de la solvabilité du débiteur cédé : *Præstat veritatem non bonitatem nominis.* Il peut s'y engager par une clause spéciale. La doctrine a classé les clauses que l'on rencontre d'ordinaire dans les actes de transport. Ces clauses nous viennent de l'ancien droit, et les auteurs ont examiné avec beaucoup de soin leur signification et leur portée.

1° *Clause pure et simple de garantie.* — Avant tout, il faut d'abord chercher à découvrir dans les autres parties de l'acte, dans les circonstances du transport, quelle a été la commune intention des parties; mais si, de cet examen, ne résulte aucune indication, que décider? Pour soutenir qu'il y a là une garantie de solvabilité du débiteur, on remarque que dans l'autre opinion la clause serait inutile, et que l'article 1157 veut que les clauses susceptibles de deux sens soient entendues dans celui où elles peuvent produire quelque effet; on ajoute que, d'après l'article 1602, tout pacte obscur s'interprète contre le vendeur, c'est-à-dire ici dans le sens de l'extension de la garantie de droit. A ces arguments je répondrai que, dans le doute sur l'intention des parties, la clause doit s'interpréter en faveur du cédant contre qui elle est dirigée (1162); qu'il est dans l'esprit de la loi de ne pas étendre la garantie, car elle voit défavorablement les acheteurs de créance, et cela résulte des règles mêmes qu'elle établit dans les articles 1693 et suivants, pour l'interprétation des conventions de garantie. Quant à l'article 1157, on sait à quelles conséquences inadmissibles conduirait souvent son application dans beaucoup de cas analogues; enfin, l'argument tiré de l'article 1602 tombe devant cette considération, que la disposition de cet article est fondée sur la connaissance toute spéciale qu'a le vendeur des défauts de la chose vendue, et ne s'applique pas du tout aux clauses que l'acheteur stipule dans son propre intérêt.

2° *Clause de garantie de fait.*

3° *Clause de garantie de tous troubles et évictions quelconques.* — Par ces deux clauses, le vendeur promet que la créance est bonne et que le débiteur est solvable; mais il n'entend répondre que de la solvabilité actuelle du cédé, et il ne se rend point garant de l'insolvabilité qui pourrait survenir depuis le contrat. De plus, l'article 1694 décide formellement que le cessionnaire ne pourra recourir contre son vendeur que jusqu'à concurrence du prix de cession; par une clause expresse, le vendeur pourrait bien se rendre responsable jusqu'à concurrence du montant de la créance; cette convention n'a rien d'illicite, mais il appartiendra toujours aux tribunaux d'examiner en fait si la clause ne cache pas un prêt usuraire, tombant sous l'application de la loi du 3 septembre 1807.

4° *Clause de fournir et de faire valoir la créance bonne, solvable et bien payable.* — Cette clause met à la charge du vendeur une véritable obligation de cautionnement. Du reste, il faut encore appliquer ici l'article 1694 et décider que le recours de l'acheteur ne sera que du prix payé et non du montant de la créance.

Ce recours ne pourra être exercé par le cessionnaire qu'après qu'il aura constaté l'insolvabilité du débiteur; pour cela, il devra préalablement discuter ses biens, et il faut appliquer ici les règles établies par les articles 2021 et suivants sur le cautionnement.

Le vendeur serait libéré de la garantie si c'était par le fait de l'acheteur que le débiteur fût devenu insolvable. Si, par exemple, le cessionnaire a déchargé quelqu'un des débiteurs ou des cautions, s'il a donné mainlevée des hypothèques qui garantissaient la créance, il ne sera plus recevable à se plaindre que la créance est mauvaise, car c'est lui qui l'a rendue telle.

En est-il encore de même, si c'est, non plus par son

fait, mais par simple négligence ou omission que le cessionnaire a compromis ses droits? Par exemple, il a laissé prescrire les hypothèques, il a négligé de faire des actes conservatoires, peut-il encore exercer des recours contre le vendeur?

Dans cette question, on a relevé, dans le *Traité des obligations,* de Pothier, deux opinions opposées : nous pensons qu'il est plus conforme à l'esprit de la loi de décider que le cessionnaire étant devenu propriétaire de la créance, c'est à lui et non au cédant qu'incombe le devoir de la conserver, car il doit maintenir son droit; de plus, le cessionnaire, avant de pouvoir recourir contre le cédant, ne doit-il pas discuter les biens du débiteur, et n'est-il pas évident alors qu'il doit, à plus forte raison, faire, de préférence au cédant, tous les actes conservatoires ; d'ailleurs, en se liant par la clause de fournir et faire valoir, le cédant avait évidemment pris en considération les hypothèques qui garantissaient le paiement, et il n'entrait pas dans ses prévisions que la négligence du cessionnaire pût ainsi lui faire perdre le bénéfice de ces sûretés.

De ce que l'obligation de garantie du cédant s'éteint lorsque le défaut de paiement a pour cause une négligence du cessionnaire, il résulte que, s'il s'agissait d'une créance déjà exigible au moment du transport, la clause de fournir et faire valoir n'aurait pas plus d'étendue que la garantie de fait simple ; car le cessionnaire doit exiger immédiatement son paiement, et s'il tarde à agir et que le débiteur devienne insolvable, il ne doit imputer qu'à lui-même la négligence qui a compromis ses droits. Mais le cessionnaire d'une créance à terme ne pourrait-il point, à l'époque de l'échéance, accorder un délai de grâce à son débiteur sans perdre son droit de recours contre le cédant ? Il le pourrait, à notre avis ; il ne perdrait point son recours, à moins qu'il ne soit établi que le débiteur, encore solvable à l'époque de l'exigibilité de la créance, ne soit, depuis, devenu insolvable.

La clause par laquelle le vendeur s'engagerait à payer lui-même, à défaut du débiteur, devrait être assimilée à celle de fournir et faire valoir ; le cessionnaire n'aurait donc de recours qu'après avoir discuté le débiteur et les cautions, et il n'est pas douteux, quoique cela ait été controversé dans l'ancien droit, que ce recours serait du prix payé et non pas du montant intégral de la créance ; l'article 1694 a levé toute espèce de doute à cet égard.

Dans le cas où la discussion faite par le cessionnaire des biens du débiteur ne produirait qu'un paiement partiel, le cédant devra rembourser au cessionnaire une partie du prix de la cession proportionnelle à la partie de la créance qui a été perdue par suite du défaut de solvabilité du débiteur. Soit, par exemple, une créance de 10,000 fr. vendue pour 6,000, avec garantie de solvabilité future du débiteur ; celui-ci ne paie que 4,000 fr., le cédant devra-t-il rembourser les 6,000 fr. qu'il a tou-

chés, de façon que le cessionnaire reçoive en définitive
le montant total de la créance ? Non ; il faut raisonner
de la manière suivante : le débiteur ne pouvant payer
que 4,000 fr. sur 10,000, la perte à subir était des
6/10^{cs} ou des 3/5es ; par conséquent, l'acheteur devra
reprendre sur le prix payé une part proportionnelle ;
donc le vendeur lui restituera 3/5^{cs} de 6,000 fr. =
3,600 fr.

5° *Clause de fournir et faire valoir après simple
commandement.* — C'est la clause qui garantit le plus
énergiquement une créance cédée. Par cette clause, le
cédant devient l'obligé personnel du cessionnaire, qui
peut le poursuivre aussitôt qu'un commandement fait au
débiteur est resté infructueux ; il est ainsi affranchi de
la nécessité de discuter le débiteur avant de se retourner
contre le cédant. Mais faut-il dire que la garantie serait
encore due si c'était par la faute du cessionnaire que le
débiteur fût devenu insolvable? Nous avons déjà examiné
cette question à propos de la clause précédente, et il est
certain que le fait du cessionnaire affranchira le cédant
de son obligation ; si par exemple il a fait remise de la
dette, s'il a donné mainlevée des hypothèques, il serait
mal fondé à vouloir recourir en garantie. Mais si l'insolvabilité du débiteur ne résulte que du défaut de mesures
conservatoires, le cédant serait-il libéré? De nombreux
auteurs pensent qu'en stipulant son recours après simple
commandement, le cessionnaire s'est par là même dé-

chargé de toute autre diligence et n'est tenu dès lors à aucune mesure conservatoire. Cependant, on a proposé une distinction qui me semble devoir être admise. Si, en vendant la créance, le cédant a conservé les titres, c'est à lui qu'incombe la responsabilité des mesures conservatoires ; mais si les titres ont été remis au cessionnaire, c'est que, dans la pensée des parties, il était chargé de prendre lui-même les mesures nécessaires ; et l'on peut, en ce sens, tirer argument de l'article 2080, puisque le cessionnaire n'est pas seulement créancier gagiste, mais bien propriétaire de la créance. — En ce cas, le recours du cessionnaire contre le cédant sera non-seulement du prix payé, mais du montant intégral de la créance, sauf toutefois l'application de la loi de 1807. Le cédant, en effet, est devenu débiteur personnel, il a plutôt fait une délégation propre à faciliter le paiement qu'un véritable transport. Aussi faut-il décider que les titres exécutoires contre le cédé le seront aussi contre le cédant, aussitôt que le commandement fait au débiteur sera resté sans effet.

CHAPITRE SIXIÈME.

COMPARAISON DE LA CESSION DE CRÉANCES AVEC LA SUBROGATION ET LA DÉLÉGATION.

------

1. — *Subrogation*.

Les auteurs sont loin d'être d'accord sur la nature de la subrogation ; suivant les uns, la subrogation consentie par le créancier est une vente et ne se distingue en rien du transport ; d'autres considèrent la créance primitive comme complétement éteinte par le paiement, laissant à sa place une nouvelle créance à laquelle se rattachent les accessoires de la première ; enfin, suivant une opinion qui a beaucoup de partisans aujourd'hui, la subrogation est une cession fictive par suite de laquelle une créance, éteinte au moyen d'un paiement effectué avec de l'argent d'un tiers, est regardé comme continuant d'exister au profit de ce dernier, qui peut l'exercer à l'effet de recouvrer par elle ce que lui a coûté la libération du débiteur. Cette définition me paraît exacte.

L'analogie entre les deux opérations est facile à

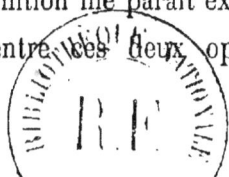

saisir : toutes deux rendent un tiers créancier du débiteur primitif, toutes deux transportent à ce tiers la créance elle-même ; mais tandis que, dans la cession, la créance est transportée par suite d'une vente et en vertu des règles générales de ce contrat ; dans la subrogation, au contraire, ce n'est qu'à l'aide d'une fiction que ce résultat peut être obtenu : le paiement avait éteint la dette, la créance n'existait plus, mais, par une fiction légale, elle renaît en faveur du subrogé pour lui permettre d'agir contre le débiteur, comme l'aurait pu faire le créancier lui-même. L'idée principale qui domine dans la subrogation, est celle de paiement ; le but du subrogé c'est d'éteindre la dette ; il veut rendre un service au débiteur en le libérant envers le créancier ; mais d'un autre côté, comme il ne veut pas perdre sans recours les deniers qu'il a payés, la loi, favorable à cette opération, fait renaître la créance avec tous ses avantages au profit du subrogé contre le débiteur. Le cessionnaire, au contraire, spécule, il achète à bas prix la créance pour en retirer un bénéfice ; il se place avec le créancier dans les rapports de vendeur et d'acheteur, et prétend retirer, à la fois contre le débiteur cédé et contre le créancier cédant, tous les avantages que pourra lui procurer son contrat.

De ces différences dans les principes résultent les conséquences suivantes :

1° Le subrogeant ne doit point de garantie, car il ne

contracte aucune obligation envers le subrogé, qui n'a fait que le payer; *suum recepit*, il n'a joué aucun rôle actif, il ne peut être obligé. Ce n'est pas cependant que le créancier payé ne doive restituer ce qu'il a reçu, si la dette n'existait pas; mais ce n'est pas par l'action en garantie qu'il en sera tenu, c'est par une *condictio indebiti*, et les différences entre les deux actions sont nombreuses. Ainsi la *condictio* ne pourra jamais tendre à une somme supérieure aux déboursés; l'action en garantie, au contraire, peut comprendre les frais et loyaux coûts et des dommages-intérêts. Le créancier peut être, dans l'action en garantie, distrait de ses juges naturels et attiré devant le tribunal où est pendante la demande originaire; rien de semblable pour la *condictio*.

2° La cession, quel qu'en soit le prix, transporte au cessionnaire la créance tout entière; la subrogation, au contraire, ne substitue le subrogé à l'ancien créancier que jusqu'à concurrence de ce qu'il a payé; c'est le paiement qui est le fondement de la subrogation, c'est lui qui lui sert de mesure.

3° Le cessionnaire a droit aux intérêts de la créance cédée, alors même qu'ils dépassent le taux légal. Le subrogé, au contraire, n'a droit qu'aux intérêts légaux, car, n'ayant pas voulu réaliser un bénéfice, il suffit qu'il tire de son argent le profit qu'il en eût tiré en l'employant ailleurs. Toutefois il faut remarquer que le subrogé peut être considéré comme gérant d'affaires du débiteur, de telle sorte que, même quand la créance ne produit pas d'intérêt, il a droit à l'intérêt légal en poursuivant le débiteur par son action de gestion d'affaires. Dans ce cas, le débiteur étant solvable, le subrogé trouve avantage à négliger l'action de l'ancienne créance, malgré les garanties qui l'accompagnent, pour s'en tenir à l'action qu'il a de son chef.

4° La capacité exigée pour recevoir un paiement et subroger n'est pas la même que celle nécessaire pour consentir une cession de créance. Ainsi les administrateurs et représentants de personnes morales dont les biens ne doivent être aliénés qu'avec certaines conditions indispensables, peuvent subroger le tiers qui paie, parce qu'ils peuvent recevoir, mais ils ne pourraient céder la créance. A l'inverse, le tuteur, qui ne peut acheter une créance contre le mineur, peut cependant devenir créancier de ce mineur en faisant pour lui un paiement avec subrogation.

5° Les formalités exigées par l'article 1690 pour l'ensaisinement du cessionnaire ne sont pas applicables au subrogé. Celui-ci peut, indépendamment de toute formalité, opposer aux tiers le paiement qu'il a fait, comme le débiteur qui a payé le ferait lui-même.

6° La subrogation, comme la cession, transfère à l'acquéreur de la créance les garanties accessoires, gages, priviléges, hypothèques, etc. Mais dans le cas où il s'agit de cession partielle de la créance, ou de paiement partiel avec subrogation, les résultats sont très-différents. En cas de cession, l'acquéreur, devenu pour partie créancier du cédé, a contre lui les mêmes droits que le cédant; si le débiteur est insolvable, si les hypothèques sont insuffisantes, ils concourront tous deux au *prorata* de leur part, sur le montant des sommes à distribuer ou sur le prix de vente de l'immeuble hypothéqué; le vendeur n'a, en effet, pas de cause de préférence contre son acheteur; bien au contraire, le cessionnaire pourra même avoir un recours contre le cédant, si celui-ci a garanti la solvabilité actuelle et future du débiteur. En cas de subrogation, le subrogeant qui a reçu un paiement partiel prime le subrogé, en vertu du principe consacré par l'article 1252, que la subrogation ne peut nuire au créancier qui n'a été payé qu'en partie. Si donc Pierre, créancier hypothécaire de 10,000 fr. a été désintéressé pour moitié par Paul, qu'il a subrogé dans ses droits, et que l'immeuble vendu ne produise que 5,000 fr., Pierre les prendra seul en totalité, et Paul ne recevra rien. S'il s'était agi d'une cession et non d'une subrogation, Pierre et Paul auraient, au contraire, touché 2,500 fr. chacun sur le prix de vente de l'immeuble.

Si, après avoir reçu un paiement partiel et consenti la subrogation, le créancier vendait le reste de la créance, le cessionnaire acquerrait-il le droit de préférence que le subrogeant avait contre le subrogé? Cela ne me paraît pas douteux, car la créance passe au cessionnaire avec tous ses avantages. Mais en est-il de même pour un second subrogé? La question est délicate. L'affirmative nous paraît toutefois devoir l'emporter.

II. — *Délégation.*

La délégation a quelques analogies avec la cession de créances. C'est l'indication faite par un débiteur à son créancier d'une personne qui s'oblige à payer à sa place. Elle est parfaite ou imparfaite : parfaite, lorsque le créancier qui accepte la délégation libère le délégant ; dans ce cas il y a novation dans la créance ; imparfaite, quand le créancier, en acceptant l'engagement du délégué, conserve néanmoins tous ses droits contre le délégant.

Généralement le délégant est le créancier du délégué ; il en résulte alors que, dans la délégation comme dans la cession, il y a transport de droits d'un créancier à un tiers : le délégant transporte au délégataire les droits qu'il avait contre le délégué.

Mais une première différence avec la cession consiste en ce que la délégation exige le concours de trois personnes ; le débiteur délégué doit donner son consentement, tandis que celui du cédé n'est pas requis.

Une autre différence consiste dans l'obligation de garantie ; nous avons vu que le cédant ne garantit que l'existence de la créance et pas du tout la solvabilité du cédé ; il en est tout autrement dans la délégation. D'abord, dans la délégation imparfaite, le délégant reste toujours tenu de sa dette ; à défaut du délégué, c'est lui qui paie ; il y a là plus qu'une obligation de garantie, même de solvabilité future, car ce n'est pas par l'action en garantie, c'est par l'action même de l'ancienne créance que s'exerce le recours du délégataire. Dans la délégation parfaite, pour qu'il y ait novation, il faut que le délégataire ait expressément déchargé le délégant ; dans ce cas, il semble que le délégataire ne devrait jamais pouvoir exercer de retour contre le délégant en cas d'insolvabilité du délégué ; cependant, il n'en est pas ainsi, et la loi veut que le délégant soit toujours tenu de la solvabilité actuelle du délégué. Ici c'est par une véritable action en garantie qu'agira le délégataire, et non plus par l'action de la créance, car la novation a détruit la dette primitive.

De ce que la délégation parfaite emporte novation, il résulte que ce n'est pas la créance du délégant qui passe au délégataire : elle est éteinte ; mais une créance nouvelle prend naissance en vertu de l'engagement contracté par le délégué envers le délégataire. Aussi l'article 1278 nous dit-il que les priviléges et hypothèques qui garantissaient l'ancienne créance, ne peuvent être rattachés à la nouvelle que par une convention expresse des parties ;

tandis qu'au contraire l'article 1692 fait passer la créance elle-même du cédant au cessionnaire avec tous les accessoires qu'elle comporte.

Les différences signalées entre la cession de créances et les autres contrats, font comprendre quel intérêt il peut y avoir à bien déterminer quel contrat les parties ont voulu faire. Souvent, en effet, elles emploient des termes inexacts, mais leur volonté doit prévaloir sur le sens littéral des expressions qu'elles ont employées. C'est alors au juge qu'il appartient de découvrir quelle était l'intention des parties.

DROIT COMMERCIAL

DROIT COMMERCIAL

DE L'ENDOSSEMENT.

Le principe de la cessibilité de la créance, d'abord méconnu en droit romain, puis restrictivement appliqué en droit civil français, a suivi une marche progressive que devait nécessairement amener la multiplicité des rapports commerciaux; dans le droit commercial français, il a reçu une extension complète par l'emploi simple et facile de l'endossement.

L'historique de l'endossement et de ses transformations et adaptations offre un champ aussi vaste qu'intéressant.

Nous allons étudier sommairement les origines de l'endossement, intimement liées à l'origine de la lettre de change; puis ensuite nous examinerons quels sont ses effets quant à la transmission des valeurs négociables, son adaptation aux lettres de voiture, connaissements, warrants et récépissés; enfin nous dirons quelques mots de la constitution du gage par l'endossement.

CHAPITRE PREMIER.

Les auteurs qui se sont occupés de l'historique de l'endossement ne sont point d'accord sur l'époque de son apparition, mais ils sont unanimes pour la rattacher aux développements de la lettre de change.

La lettre de change a pris naissance en Italie, au moyen-âge, et très-vraisemblablement elle fut inventée pour permettre aux changeurs italiens de tirer sur leurs propres comptoirs, situés dans des villes différentes. C'est ainsi que la lettre de change n'était que le symbole d'un échange d'argent *de loco in locum;* il s'opérait moins un change réel qu'un change manuel, *longâ manu.*

Cette première forme de la lettre de change ne pouvait longtemps suffire aux besoins sans cesse croissants du commerce : il fallut tirer des lettres non plus seulement sur des places où se trouvaient des comptoirs du tiré, mais sur des places secondaires où l'on ne pouvait penser à établir une succursale ; le tiré devint alors une personne distincte du tireur, l'acceptation dut être demandée au tiré.

A l'origine de la lettre de change, on la voit comme moyen rapide de paiement entre les mains des changeurs italiens. A cette époque, de grandes foires réunissaient un grand nombre de commerçants, et dans les derniers jours de ces foires il s'établissait une balance générale entre les diverses lettres de change : la différence se payait en argent ou par une traite tirée sur la ville qu'habitait le négociant débiteur. C'était une véritable liquidation de bourse par le moyen de ces virements.

A ce besoin commercial de la rapidité vint s'en ajouter un d'où naquit la clause à ordre et l'endossement. Le commerce a besoin d'une allure rapide, il a également besoin de sécurité : il la trouva dans les titres à ordre. Ces titres, en effet, obligent solidairement tous les endosseurs et signataires, le porteur peut recourir à son choix contre le plus solvable d'entre eux pour la totalité de la somme. Il en résulte une grande confiance; pourvu que l'on connaisse la solvabilité de l'un des signataires, on accepte le titre sans se préoccuper de celle du souscripteur, et cette confiance, qui facilite et assure les transactions, n'est due qu'à cette obligation solidaire que contracte tout intervenant en apposant sa signature sur le titre. Cette solidarité a singulièrement contribué à la faveur dont jouissent les titres à ordre dans le commerce.

La solidarité exceptionnelle dont nous parlons trouve sa justification dans les besoins du commerce et certains usages en vigueur, avant même la découverte de l'endossement. Nous allons en dire quelques mots :

Le preneur d'une lettre de change ne connaît pas toujours la solvabilité du tiré ; il peut avoir besoin d'une sécurité complète, il demande alors des garanties, un cautionnement. Ce cautionnement se donnait au moyen de la *suscriptio :* on appelait ainsi la signature apposée sur un exemplaire de la lettre par la caution qui intervenait pour garantir le paiement. On employait également l'*avallum :* c'était une opération par laquelle le tireur agissait pour le compte d'autrui ; elle intervenait le plus souvent pour augmenter les garanties du preneur ; quand celui-ci n'avait pas confiance dans son tireur, il demandait que le nom d'une bonne maison se trouvât sur la lettre et que cette maison tirât elle-même la lettre pour le compte du tireur suspect, si elle était en relations d'affaires avec lui.

Ainsi naquit et se développa la théorie de l'endossement, qui concourut à la prospérité du commerce pendant tout le moyen-âge jusqu'au XVIIe siècle. Ce système fut l'œuvre de la pratique commerciale et non de la loi, qui ne fit que le sanctionner. Il était l'expression d'un besoin senti par le commerce de tous les pays, aussi se montra-t-il à peu près partout en même temps, car il se présentait avec les avantages des diverses com-

binaisons imaginées jusqu'alors, c'est-à-dire avec la rapidité et en même temps avec la sécurité des transactions. Malgré ses avantages, l'endossement fut prohibé
par l'ordonnance de Botzen en 1635, et du temps de
Savary il l'était aussi dans plusieurs villes d'Italie, comme
Venise, Florence, etc.

Enfin, les besoins du commerce l'emportèrent sur la
loi, et la lettre de change prit une grande extension, surtout lorsque la pratique des affaires eut consacré d'une
manière définitive l'acceptation écrite, car alors on se fit
à cette idée que le tiré, par son acceptation, était engagé
vis-à-vis du porteur quel qu'il fût; puis on admit comme
conséquence que la traite, une fois acceptée, est irrévo-
cable, c'est-à-dire que le paiement ne peut en être contre-
mandé ni par le tireur, ni par le preneur. C'est ainsi qu'on
arriva à faire abstraction de la cause de la lettre et de la
cause de l'endossement; de la cause de la dette, car on ne
rechercha plus s'il y avait entre le tiré et le tireur des
rapports d'affaires préexistants et si le tiré avait une provi-
sion; on s'en tint au principe que celui qui accepte doit
payer, et que l'acceptant s'engage, non pas accessoirement,
mais principalement : ces principes se retrouvent dans
l'ordonnance de 1673. Ainsi le tiré ne peut, après son
acceptation, invoquer aucune exception du chef du tireur, pas même l'exception *non numeratæ pecuniæ*. On
fit aussi abstraction de la cause de l'endossement : on ne
rechercha plus si l'endosseur avait reçu une valeur, et

si l'ordonnance de 1673 exige encore l'indication de la valeur fournie, c'est pour distinguer l'endossement-procuration de l'endossement translatif. Au fond, l'obligation de l'accepteur est une obligation *sui generis*, née de la lettre de change elle-même et unilatérale, qui existe sans aucune obligation ou prestation du côté du preneur et qui lie envers tout porteur.

Des auteurs ont voulu rattacher à des contrats préexistants cette obligation particulière, dérivant de l'endossement. Je crois qu'il vaut mieux accepter l'opinion de M. Mittermaïer *(Revue étrangère de législation*, t. VII) : « Le droit moderne, dit cet auteur, s'est formé et déve-
» loppé d'une manière particulière, créant de nouvelles
» institutions que l'on doit apprécier d'après leur but et
» juger selon leur nature propre ; on admet ce point de
» vue à l'égard du contrat d'assurance, de la société en
» commandite et du contrat relatif à la propriété litté-
» raire. Pourquoi ne pas l'admettre également à l'égard
» du contrat de change ? »

Une autre question importante est également controversée. Les mêmes auteurs qui voient le principe de la lettre de change dans les lois romaines considèrent le contrat passé entre le tireur et le preneur comme le contrat principal. C'est le point de vue auquel se place Pothier dans son *Traité du contrat de change*, chap. IV., art. 1 : « Le principal contrat qui intervient dans la
» négociation des lettres de change, et qui donne lieu à

» toute leur négociation, est celui qui intervient entre le
» tireur qui fournit la lettre de change et le donneur de
» valeur à qui elle est fournie. » Dans ce système il
faut attribuer au preneur un droit de propriété de la
lettre de change, et soutenir que tout individu qui prétend
des droits sur cette lettre de change doit les tenir du
preneur. Dès lors l'endossement est considéré comme
une cession du droit civil ; le porteur n'a d'autres droits
que ceux que l'endosseur lui a transmis, et, en cas de
refus de paiement de la part du tiré, il doit exercer son
recours d'abord contre son endosseur immédiat et ensuite contre les autres en remontant jusqu'au tireur.
Comme cependant les dispositions législatives en matière de change, et notamment celles qui concernent
l'action en garantie, et les exceptions contre cette action
ne se trouvent pas d'accord avec ce système, on a eu
recours à des explications forcées qui n'atteignent pas le
but parce qu'elles sont inconciliables avec la nature des
titres à ordre.

Ainsi, tout en admettant que les effets de commerce
sont une espèce de monnaie qui doit pouvoir circuler de
main en main, et que la négociation de ces effets eût été
paralysée si celui à qui on offre de les céder avait pu
craindre que le souscripteur n'argumentât contre lui, à
l'échéance, de moyens de libération tirés du chef des
précédents endosseurs, on a soutenu que le souscripteur
pouvait opposer au porteur les exceptions connues de lui

lors de l'endossement. Lorsque le souscripteur s'oblige à
ordre, il est naturel, a-t-on dit, d'interpréter la convention en ce sens qu'il a précisément renoncé envers le
porteur aux moyens de défense qu'il pourrait avoir contre le preneur et qui seraient ignorés du porteur. Mais
dès qu'en fait le souscripteur peut démontrer que le porteur connaissait ces exceptions au moment de l'endossement, on rentrerait purement et simplement sous l'application du principe d'après lequel le porteur n'est que le
cessionnaire du preneur ; les exceptions opposables à son
cédant le deviendraient à lui-même.

M. Demangeat, qui a réfuté ce système, fait obser-
ver, avec raison, selon nous, qu'il est impossible, quand
on veut parler un langage exact, de ne voir dans le porteur qu'un cessionnaire. Car, le cessionnaire est essentiellement un ayant cause du cédant ; or, le porteur a un
droit indépendant, un droit que l'endosseur n'avait pas,
et que par conséquent il n'a pu lui transmettre.

La vérité est que celui à qui l'effet est endossé n'entre
pas seulement dans la situation de l'endosseur, il est
dans un rapport immédiat avec les obligés. Les droits
du créancier ne passent pas au porteur, modifiés par la
position personnelle de l'endosseur ; ils passent dégagés
de cette solidarité, et déterminés seulement par la lettre
de change comme droits établis d'une manière directe.

Celui à qui la lettre est endossée ne peut se voir opposer des exceptions venant du chef de l'endosseur.

C'est une conséquence directe de la clause à ordre; par cette clause, en effet, le souscripteur s'engage directement envers celui qui, au jour de l'échéance, sera porteur du titre, il l'accepte d'avance pour son créancier. Le porteur n'est pas un simple ayant cause du cédant, mais un créancier direct du souscripteur; il ne saurait donc être soumis aux exceptions qui pourraient être opposées au cédant, lors même qu'il les aurait connues lors de l'endossement.

Le contrat qui se forme par l'endossement n'est donc pas une cession, à proprement parler, c'est un contrat *sui generis* qui en renferme plusieurs autres : il renferme tantôt une vente, tantôt un gage; car on endosse une lettre de change pour la vendre ou l'engager. Mais, qu'il contienne une vente ou un gage, l'endossement contient toujours un contrat de cautionnement, car l'endosseur se porte toujours garant solidaire pour ceux qui le précèdent.

CHAPITRE DEUXIÈME.

ENDOSSEMENT DES EFFETS DE COMMERCE, LETTRES DE
VOITURE, CONNAISSEMENTS, WARRANTS ET RÉCÉPISSÉS.

(Art. 136 C. Co.)

1º Endossement des effets de commerce. — Endossement régulier.
— Endossement irrégulier. — Endossement en blanc.

La propriété des effets de commerce est transférée,
tant à l'égard des parties qu'à l'égard des tiers, par l'endossement du titre, sans qu'il soit besoin de recourir
aux formalités de l'article 1690 du Code civil. « La pro-
» priété d'une lettre de change, dit l'article 136 C. Co.,
» se transmet par la voie de l'endossement. »

Cet endossement doit, pour être *régulier*, contenir
certaines énonciations, sinon il ne transfère pas la propriété. Voici la formule d'un endossement régulier :
Payez à l'ordre de Pierre, valeur reçue en espèces.
1ᵉʳ *janvier* 1874. *Paul.*

Cette formule contient cinq mentions : la *date*, le
nom du preneur, la *clause à ordre*, la *valeur fournie*,
la *signature de l'endosseur*. (Art. 137.)

Date. — Elle consiste dans l'indication du jour de l'endossement : si la lettre avait été tirée à l'ordre du tireur lui-même, cette indication serait insuffisante, elle devrait être accompagnée de l'indication du lieu où s'est fait l'endossement, car dans cette hypothèse la lettre de change se complète par l'endossement, qui ne peut être fait alors que dans un lieu différent de celui où le paiement doit être effectué. On sait, en effet, que la loi exige, pour la validité de la lettre de change, la remise de place en place (art. 110). Cette exigence est critiquée par les auteurs qui la trouvent contraire aux besoins du commerce. La date est exigée pour prévenir des fraudes : on a voulu empêcher un failli de soustraire à la masse de ses créanciers un actif qui consisterait en effets de portefeuille. Il est vrai que le failli pourra antidater l'endossement, et le reporter à une époque où il était maître de ses droits; mais la loi s'est précautionnée contre l'antidate en la punissant de la peine du faux : l'article 139, qui édicte cette peine, n'est du reste que la reproduction de l'article 26, titre V, de l'ordonnance de 1673.

Nom du preneur. — On comprend l'utilité de la mention du nom du preneur. Cependant son omission n'annulerait pas l'endossement; il vaudrait comme procuration. (Art. 138.) On a objecté, il est vrai, qu'il ne saurait y avoir de procuration là où le nom du procureur, ou le blanc qui suppose la faculté de le désigner en tout temps, manquent au titre; mais on a répondu que si

l'omission du nom empêche de conclure qu'il y a transmission, elle ne s'oppose pas à ce que l'on considère
comme un véritable mandat la remise du titre entre les
mains d'une personne avec la preuve de l'intention de
l'endosser.

Clause à ordre. — Cette clause est aujourd'hui de
l'*essence* de la lettre de change.

Valeur fournie. — Il ne suffit pas qu'il ait été fourni
une valeur pour l'acquisition de la lettre de change, il
faut encore indiquer en quoi elle consiste. Les premières
lettres de change qui n'eurent pour but que l'exécution
d'un contrat de change, durent nécessairement indiquer
la valeur fournie, et c'est en espèces que la valeur dût
être fournie et indiquée; car, selon les idées du temps,
la confection de la lettre étant une *emptio venditio*, il
fallait un prix. Peu à peu on apporta des tempéraments
à l'ancienne théorie. Avec l'habitude de donner des
lettres à crédit, s'introduisit l'indication *valeur en
compte*, car si le changeur *campsor* avait dit « valeur
reçue en espèces, » il aurait ainsi donné quittance d'une
somme qu'il n'aurait pas reçue. On en vint jusqu'à af-
franchir la lettre de toute indication de valeur fournie.
On ne fut pas plus exigeant pour l'endossement, quand
il vint en usage, que pour la confection de la lettre de
change elle-même.

En France, l'ordonnance de 1673 prescrivit cette indication, et l'imposa à l'endossement comme à la lettre

de change. L'endossement « renfermant un contrat entre l'endosseur et celui à qui l'ordre est passé, semblable à celui que renferme la lettre de change entre le tireur et le donneur de valeur » (Pothier, *Contrat de change*, nº 38), il était logique que l'endossement translatif contînt les mêmes formalités que la lettre de change. On voulut d'ailleurs, en demandant dans cette espèce d'endossement l'indication de la valeur fournie, le distinguer de l'endossement-procuration qui était déjà en usage en France avant l'endossement translatif. Ces exigences, qui avaient pour but de prévenir les abus, étaient impuissantes, inefficaces; la preuve évidente résulte d'une jurisprudence qui, en admettant les indications de valeur les plus vagues, montre par là combien elles sont inutiles. Aussi l'article 137 C. Co. est-il l'objet des critiques les plus vives. Voici ce que dit à ce sujet M. Mittermaïer (*Revue étrangère et française*, t. VIII, p. 113 et suiv.) : « La question de savoir si la valeur a été fournie intéresse uniquement l'endosseur et celui à qui il a passé l'effet : ces deux parties peuvent s'entendre entre elles à ce sujet, de telle manière qu'elles le jugeront convenable; par exemple, l'endosseur peut délivrer une quittance. Peu importe à l'accepteur ou au porteur subséquent que chaque endosseur précédent ait reçu la valeur de son endossement. L'endosseur peut avoir fait donation de la lettre de change, il peut avoir prêté le montant...., tout cela est indifférend pour la

circulation des titres au porteur. » Au surplus, il y a
souvent impossibilité d'indiquer la manière dont la valeur a été fournie, parce qu'en réalité elle ne l'a pas été;
il faut alors recourir à l'expression *valeur en compte*, qui
se prête à toutes les interprétations et qui au fond satis-
fait peut-être aux termes de la loi, mais n'atteint pas le
but qu'elle s'est proposé. La loi allemande de 1848 sur
la lettre de change ne contient aucune disposition de ce
genre : elle dispense par conséquent de toute indication
de valeur fournie.

Signature de l'endosseur. — L'endosseur doit évidemment apposer sa signature au bas de l'endossement,
mais l'endossement peut ne pas être écrit de sa main.
On s'est demandé si, dans le cas où l'endossement a été
écrit par une autre personne que l'endosseur lui-même,
la signature de ce dernier doit être précédée, conformément à l'article 1326 du Code civil, des mots *bon* ou
approuvé, indiquant en toutes lettres le montant de la
somme. La jurisprudence s'est prononcée dans le sens
de la négative. Les termes de l'article 1326, qui ne parle
que des billets ou simples promesses, ne sauraient évidemment s'appliquer à la lettre de change et à son endossement, régis uniquement par les articles 110 et 137
C. Co. Ajoutons, pour l'endossement, qu'il n'est pas
nécessaire qu'il fasse mention du montant de la somme,
il suffit qu'elle se trouve dans le corps du titre ; c'est le
titre qui est transmis par l'endossement et tel qu'il est.

Dès lors, dit Bravard, s'il ne faut pas mentionner la somme dans l'endossement quand il est écrit de la main de l'endosseur, comment pourrait-on prétendre, quand il n'est pas écrit de sa main, que sa signature doit être précédée d'un *bon* ou *approuvé* indiquant cette somme en toutes lettres? C'est impossible. — De ce que l'endossement doit être signé par l'endosseur, on a conclu avec raison qu'un individu qui ne sait pas écrire ne peut donner un endossement que par un fondé de pouvoirs.

Voilà les formalités auxquelles est soumis l'endossement d'un effet de commerce pour opérer la translation de sa propriété.

S'il ne contient pas ces cinq mentions, il n'est qu'une procuration (art. 138 C. Co.). L'endosseur conserve alors la propriété du titre, il pourra le revendiquer entre les mains de l'endossé ; celui-ci sera seulement un mandataire, soumis aux exceptions opposables au mandant et on ne pourra point lui opposer des exceptions qui lui sont personnelles, puisqu'il ne détient pas le titre en son nom, mais au nom de l'endosseur. L'article 138 élève donc une présomption ; ne peut-elle pas tomber devant la preuve contraire? C'est une question qui n'a pas donné naissance à moins de quatre systèmes. Nous pensons que la preuve contraire peut se faire entre les parties contractantes, mais non point contre les tiers, cette preuve ne pouvant jamais nuire à ces derniers.

9

Quelle est l'étendue du mandat résultant d'un endossement irrégulier ?

Ce mandat confère certainement le pouvoir de recevoir à l'échéance le paiement de la lettre de change et
d'en donner quittance; le mandataire *peut* et *doit* présenter la lettre à l'acceptation et faire le protêt faute
d'acceptation ou de paiement; peut-il négocier le titre et
en transférer la propriété par un endossement régulier ?
Aujourd'hui la doctrine et la jurisprudence sont unanimes pour accorder au mandataire la faculté de faire un
endossement régulier translatif de propriété. On objecte-
rait en vain qu'il n'est pas propriétaire, car la propriété
peut être transmise par mandataire; on invoquerait
aussi en vain l'article 1988 du Code civil, qui exige,
pour le pouvoir d'aliéner, un mandat exprès; l'article 1988 n'a pas trait à la matière qui nous occupe.
Toutes les fois, d'ailleurs, qu'il s'élève des difficultés sur
l'étendue des pouvoirs du mandataire, il faut toujours
soigneusement distinguer si la question s'agite entre les
parties contractantes, ou si elle s'élève entre l'une des
parties et un tiers. Entre les parties, c'est la convention
qui règle les limites du mandat, et la convention peut
entre elles être prouvée de toutes manières; mais à l'é-
gard des tiers, le mandat sera toujours présumé conférer les pouvoirs ci-dessus énumérés; à leur égard, les
parties ne pourront jamais prouver que la convention a
réduit les pouvoirs du mandataire. Les pouvoirs de ce

dernier, n'étant soumis à aucune restriction, sont présumés aussi étendus que possible. Il peut donc arriver en fait que le mandataire endosse valablement le titre, bien que la négociation ne regarde que son intérêt personnel, et non celui du mandant.

Qu'entend-on par un endossement en blanc ? C'est un endossement qui s'effectue par la seule signature de l'endosseur. C'est le plus irrégulier de tous les endossements. La jurisprudence ne l'envisageant pas ainsi, a répondu constamment que la propriété est transmise alors seulement qu'en vertu de son mandat le porteur du titre a rempli le blanc et régularisé l'endossement, en d'autres termes la propriété du titre est transmise non pas directement par celui qui a fait l'endossement en blanc, mais par son mandataire. La propriété ne pouvant pas être transmise par mandataire après la révocation du mandat, le blanc ne saurait donc être rempli et l'endossement régularisé après le décès ou la faillite de l'auteur de l'endossement en blanc, tous événements qui révoquent le mandat. C'est ce qui a été plusieurs fois jugé. (V. notamment arrêt de la Cour de cassation ; Dalloz, 1865, 1, 30.) En accordant au porteur la faculté de remplir le blanc, la jurisprudence assure ainsi la sécurité des transactions commerciales, ce qui est le grand but à atteindre en semblable matière.

2° Connaissement. — Lettre de voiture.

La reconnaissance par laquelle les voituriers ou les capitaines de navire attestent qu'ils ont reçu les objets qu'on leur a confiés, et dont ils sont par conséquent responsables, s'appelle *lettre de voiture* et *connaissement*. Aux termes de l'art. 101 C. Co., cette reconnaissance forme un contrat entre l'expéditeur et le voiturier ou le capitaine. La lettre de voiture doit contenir les énonciations de la nature, du poids, de la contenance des objets à transporter ; du délai dans lequel le transport doit être effectué, des nom et domicile du commissionnaire s'il y en a un ; des nom et domicile du destinataire ainsi que des nom et domicile du voiturier ; du prix de transport, de l'indemnité due pour cause de retard ; le tout signé par l'expéditeur ou le commissionnaire. Les énumérations du connaissement sont à peu près les mêmes : il exprime la nature et la quantité des objets à transporter, le nom du chargeur, les nom et adresse du destinataire, les nom et domicile du capitaine, le nom et le tonnage du navire, les lieux du départ et d'arrivée, le prix du fret.

Le connaissement, dit l'article 281, peut être à ordre ou au porteur, ou à personne dénommée. On ne trouve point une semblable disposition quant à la lettre de voiture ; mais la jurisprudence et la pratique considèrent

cette omission comme un oubli de la part du législateur.

Quant ces titres sont conformes aux prescriptions ci-
dessus énumérées, leur endossement a pour effet d'opérer la translation des marchandises. Aujourd'hui que,
par le seul consentement des parties, la vente est parfaite, l'endossement ne serait que l'application de ce principe, s'il ne produisait un autre effet qui lui donne un caractère spécial. On sait que sous notre législation la propriété des choses mobilières n'est, à l'égard des tiers,
consolidée entre les mains de l'acheteur que par la livraison et la possession de l'objet vendu. Dans notre matière, l'endossement de la lettre de voiture ou du connaissement opère cette livraison, livraison plus fictive
que réelle, mais qui produit tous les effets d'une mise
en possession effective. A ce point de vue, l'endossement
de ces titres est un mode de tradition, comme la remise
des clefs d'un magasin. Aussi Delamarre et Lepoitevin
ont dit avec à-propos que « le connaissement est la clef
du navire-magasin où sont les marchandises qu'il transporte. »

Cet endossement n'opère du reste de translation de
propriété que s'il est régulier. Des arrêts ont décidé, par
exemple, que si l'endossement n'exprimait pas la valeur
fournie, le porteur ne pouvait être considéré que comme
simple mandataire de l'endosseur et était par conséquent
passible des mêmes exceptions; il faut donc appliquer

ce que nous avons dit sur la présomption de l'article 138, et dire que la présomption doit toujours tomber devant la preuve contraire dans les rapports des parties contractantes, jamais à l'égard des tiers. Dans ce sens, la Cour de cassation a décidé, le 17 août 1859, que le bénéficiaire d'un connaissement régulier fait par le tiers auquel cette pièce n'avait été confiée que pour la réception et la réexpédition des marchandises y dénommées, doit être déclaré propriétaire de ces marchandises, s'il n'est point constaté qu'il ait eu connaissance de l'abus de confiance de l'endosseur, et elles doivent lui être délivrées par préférence à celui qui en était originairement propriétaire et au préjudice duquel a été commis l'abus. L'arrêt laisse indécise la question de savoir si l'on peut opposer au porteur les exceptions du chef de l'endosseur, dont il aurait eu connaissance lors de l'endossement.

L'article 576 C. Co., apporte une dérogation à cette règle que l'endossement du connaissement transfère la propriété des marchandises ; il décide, au cas où l'endossement a eu lieu au profit d'un failli, que l'endosseur pourra revendiquer les marchandises tant qu'elles n'auront pas été réellement livrées dans ses magasins. D'ailleurs, il ne s'agit pas à proprement parler ici d'une dérogation, et c'est moins une revendication qu'une action en résolution qui est accordée au vendeur endosseur ; l'article 550 C. Co., où le mot *revendication* a évidemment le sens de résolution, fournit un argument

dans ce sens. La propriété est réellement transférée par
l'endossement du connaissement ; seulement, par conve-
nance et équité, on permet à l'endosseur, contrairement
aux principes, de revendiquer sa propriété. Mais, bien
entendu, si le failli avait endossé le connaissement à des
tiers porteurs de bonne foi, le même article 576 décide
que ces derniers seront à l'abri de toute revendication ;
ils sont devenus propriétaires incommutables. Il faut
toutefois que cet endossement réunisse trois conditions :
que la revente soit faite sans fraude, que la revente soit
faite sur facture et connaissement, c'est-à-dire que l'a-
cheteur failli ait été nanti de ces deux pièces et qu'il en
ait nanti son sous-acheteur ; que les deux pièces soient
signées de l'expéditeur. Cette dernière condition est nécessaire pour constater la volonté de l'expéditeur primitif de courir la chance de revente de la part du
failli.

3c Récépissés et warrants. — Magasins généraux.

Nous nous occupons spécialement de la transmission
de la propriété par la voie de l'endossement. L'endossement des récépissés arrive à ce résultat, mais non celui
des warrants ; et si nous avons réuni dans une même
section l'étude de ces deux titres, c'est afin de les présenter ensemble comme deux conséquences de l'établissement d'un système commercial dont la pratique affirme

de jour en jour l'importance. Nous voulons parler des magasins généraux.

L'institution de ces vastes entrepôts du commerce existe et fonctionne depuis longtemps en Angleterre, où elle rend au commerce de ce pays des services considérables. Le législateur français s'en est emparé et a fait des efforts louables pour l'introduire dans notre pays.

Un décret du Gouvernement provisoire de 1848, en date du 21 mars, complété par un arrêté du ministre des finances du 26 du même mois, a organisé et réglementé cette matière. L'Assemblée constituante, par son décret des 23-26 août 1848, a ajouté quelques dispositions nouvelles à ce premier essai. Les résultats n'ont point répondu à la pensée du législateur, soit que le système ne fût point en rapport avec les besoins et l'état du commerce français, soit que l'organisation primitive en ait entravé le développement. Aussi, une loi du 28 mai 1858 est-elle venue corriger ce qu'avait de défectueux la législation qui régissait les magasins généraux. C'est cette loi qui les régit actuellement. A partir de cette époque ils sont entrés dans une voie de prospérité satisfaisante ; cependant les malheurs qui ont accablé notre pays, et aussi, il faut le dire, la défiance de beaucoup de commerçants et la routine ont été et sont des obstacles pour leur complet développement.

Les magasins généraux reçoivent les matières et marchandises que les commerçants veulent y déposer ; ces der-

niers reçoivent un *récépissé* énonçant leurs noms et qualités, la nature de la marchandise et les indications propres
à en établir l'identité. Mais ce récépissé, au lieu d'être au
nom du déposant, est à son ordre; le porteur auquel le
déposant l'a endossé peut, en le représentant, retirer la
marchandise ou l'endosser à son tour; le dernier porteur
le représentera au magasin et retirera la marchandise.

Sous la législation de 1848, le déposant ne recevait
qu'un seul titre appelé *récépissé*, extrait d'un registre à
souche. Si le déposant voulait vendre sa marchandise, il
endossait son récépissé à l'acheteur, qui devenait ainsi
propriétaire des objets déposés; s'il voulait emprunter
sur sa marchandise et la donner en nantissement, un
simple endossement suffisait encore pour saisir le prêteur du privilége de nantissement. Mais il se présentait
un inconvénient. Le déposant, au lieu de vendre sa marchandise, a pu l'engager seulement : or, habituellement
les objets n'ont été engagés que pour une partie de leur
valeur; si, après un nantissement, le déposant voulait
tirer parti du surplus de cette valeur et la vendre par
exemple, il ne le pouvait plus, parce qu'il n'avait plus
de titre représentatif de sa propriété.

Pour remédier à cet inconvénient, la loi de 1858 a
institué deux titres distincts et ayant chacun une desti-
nation spéciale : le premier est appelé *récépissé*, l'autre
warrant. Nous savons que par l'endossement du récépissé, on transfère la propriété; par l'endossement du

warrant, on se procure des fonds des capitalistes. C'est un instrument de crédit, un moyen donné au propriétaire des objets déposés de les donner en gage pour sûreté de l'emprunt qu'il contracte. Tant qu'il n'est pas endossé, le warrant n'est un titre pour personne ; quand l'emprunt est réalisé et le nantissement convenu, l'endossement du warrant réalise le nantissement et confère au prêteur le privilége du créancier gagiste sur les objets déposés.

Ainsi, le déposant veut-il emprunter sur sa marchandise, il détache son warrant et l'endosse au prêteur ; en conservant le récépissé, il conserve le droit de propriété sur la marchandise, mais il ne pourra se la faire délivrer qu'après avoir retiré le warrant des mains du prêteur désintéressé, et en présentant les deux titres, le warant et le récépissé, au préposé des magasins généraux. S'il veut vendre, il endosse le récépissé et le warrant. S'il avait déjà endossé le warrant, l'acheteur deviendrait propriétaire de la marchandise, mais au même titre que le vendeur, c'est-à-dire à la charge de payer au porteur du warrant le montant de la créance garantie ; et, comme lui, il ne pourrait se faire remettre les objets déposés qu'en présentant le warrant libéré, ou en consignant une somme suffisante pour désintéresser le porteur du warrant.

Nous laisserons de côté l'étude du warrant, puisqu'il s'applique seulement à la constitution du gage, pour ne

nous occuper que du récépissé et des questions controversées qui s'y rattachent.

L'ouverture de magasins généraux est libre en Angleterre ; en France, l'autorisation gouvernementale est
nécessaire. La demande est adressée au ministre de l'a-
griculture, du commerce et des travaux publics, par
l'intermédiaire du préfet, avec l'avis de ce fonctionnaire
et celui de la Chambre de commerce ou de la Chambre
consultative des arts et manufactures du lieu où le magasin doit être ouvert. (Art. 1, loi du 28 mai 1858. —
Art. 1, décret du 12 mars 1859.) — Art. 2 : « Toute
personne qui demande l'autorisation d'ouvrir un magasin,
doit justifier de ressources en rapport avec l'importance
de l'établissement projeté et déposer un cautionnement. »
— Art. 4 et 5 : « Il lui est interdit de se livrer à aucun
commerce ayant pour objet les marchandises, sauf
exceptions énumérées limitativement dans le décret
sus-énoncé. »

D'autres articles de ce même décret règlementent leur
organisation : il en résulte qu'ils sont placés sous la tu-
telle administrative. (Art. 6 à 11.)

Les titres délivrés à l'ordre des déposants énoncent
leurs nom, profession et domicile, ainsi que la nature
de la marchandise déposée et les indications propres
à en établir l'identité et à en déterminer la valeur. — L'article 5 de l'arrêté du 26 mars 1848 prescrivait de plus
l'énonciation de la valeur de la marchandise, non pas la

valeur déclarée par le déposant, mais la valeur vénale
déterminée suivant les cours du jour par une expertise.
Cette valeur, donnée par les exploitants des magasins-
généraux, a soulevé des critiques, surtout par le retard
qu'elle faisait subir à la délivrance du titre par suite de
l'expertise qui servait à la déterminer. Elle était en outre
inutile : en effet, au point de vue de la vente, elle ne
dispensait pas l'acheteur d'une vérification matérielle, et au
point de vue du prêt, car le prêt est toujours plus ou moins
inférieur à la valeur intégrale du gage. Il est donc indif-
férent pour le capitaliste de connaître la valeur exacte
du gage ; ce qui lui importe, c'est de savoir la valeur
approximative ; or, les indications du titre sur la nature,
l'espèce, la qualité, la provenance, le poids et la mesure de la marchandise, lui permettront d'apprécier cette
valeur approximative et de déterminer l'importance de
la somme qu'il peut, sans imprudence, prêter au déposant sur le nantissement de ces objets. Il faut également
que l'honorabilité du dépositaire lui soit garant de l'authenticité des énonciations contenues dans le récépissé.

L'endossement de ce titre constitue à l'égard des tiers
la translation de la propriété des marchandises. Une
controverse s'est élevée par suite de la différence existant
entre les deux textes principaux de la matière : la loi
de 1848 dit qu'il y a transfert de propriété ; la loi
de 1858 dit simplement qu'il y a transmission au ces-

sionnaire du droit de disposer de la marchandise. Nous pensons qu'il faut, pour se décider dans cette question, se référer aux principes que nous avons déjà établis. La propriété est réellement transférée par l'endossement du récépissé, car il fait *présumer* qu'une vente a eu lieu. C'est à cette présomption qu'a trait le changement de rédaction de la loi de 1858 : cette présomption n'est pas telle qu'elle résiste à la preuve contraire, les parties pourront prouver à l'égard l'une de l'autre que l'endossement a eu lieu pour l'exécution d'un contrat autre que le contrat de vente, et que les parties n'ont pas eu pour but la translation de la propriété. Cette preuve se fera, par exemple, par un acte séparé, par la correspondance, par les livres. Le porteur du récépissé sera de droit présumé acheteur et propriétaire de la marchandise déposée, mais on pourra prouver que l'endossement a eu pour but d'assurer seulement au cessionnaire la disposition de la marchandise à concurrence des sommes que le propriétaire de la marchandise pouvait lui devoir. C'est en ce sens qu'a décidé un arrêt de la Cour de Paris du 20 mai 1863, dans une espèce analogue. Quant aux tiers, la présomption subsiste à leur égard ; la preuve contraire ne peut être faite contre eux. Ils ont dû légitimement penser qu'une vente était intervenue et que la propriété avait été transférée par l'endossement ; ce serait porter atteinte au crédit commercial que d'autoriser la preuve contraire contre les tiers.

L'endossement des récépissés est soumis à presque
toutes les formalités de l'article 137 C. Co., il doit
contenir la *date*, le *nom du cessionnaire*, *la signature
de l'endosseur*. Point n'est besoin de la mention de *la
valeur fournie :* le législateur de 1858 a compris l'inu-
tilité de cette mention et il a pensé qu'il était conforme
à la pratique commerciale de ne point charger les transactions de formalités inutiles.

Si quelques-unes des formalités sont omises, il faut décider qu'on y suppléera, et que la sanction de l'omission
sera de ne faire considérer l'endossement que comme
une procuration et non comme un transport. (M. Duver-
gier. — *Collection des lois.* — Art. 5, loi de 1858.)

L'article 7 de l'arrêté du 26 mars 1848 subordon-
nait la validité de l'endossement du récépissé, aussi bien
en cas de vente qu'en cas de nantissement, à l'inscription du transfert sur les registres des magasins. La loi
de 1858 a supprimé cette formalité en ce qui touche le
récépissé (non en ce qui touche le premier endossement
du warrant), parce que la vente ou les autres contrats à
l'exécution desquels il est affecté, n'acquièrent pas seulement date certaine par l'enregistrement ou par l'un des
modes de l'article 1328 du Code civil, mais encore par
tous les moyens de preuve de l'article 109 C. Co.

Si le propriétaire de la marchandise déposée, ou un
acheteur de ce dernier, ou bien encore un mandataire du
déposant, endossent un récépissé dans des circonstances

qui le leur interdisaient, par exemple une faillite, on décide que le titulaire du récépissé étant le propriétaire apparent de la marchandise, l'endossement obtenu de ce titulaire par un tiers de bonne foi transfère valablement la propriété. (Sirey 1863, 2, 14. — Cour de Paris.) C'est un arrêt conforme aux principes que nous avons exposés.

Le warrant pouvant se transmettre individuellement et séparément, on peut se demander quels sont les droits du cessionnaire du récépissé lorsque le warrant est entre les mains d'un tiers ? Évidemment il peut attendre et payer à l'échéance les sommes dues au porteur du warrant ; mais il peut encore, s'il a intérêt à dégager la marchandise avant l'échéance de la créance, la payer (art. 4). Il la paiera soit en se faisant céder le warrant à l'amiable, soit en consignant la somme due à l'administration du magasin général. (Art. 6, *in fine*). Les intérêts de chaque partie sont ainsi sauvegardés.

Les récépissés sont timbrés, dit l'article 13 de la loi. Ils sont enregistrés au droit fixe de 1 franc.

Nous avons promis de dire quelques mots sur la constitution du gage par le moyen de l'endossement.

La constitution du gage commercial préoccupa fort
peu le législateur de 1804 (art. 2084 C. C.). En 1808,
dans le Code de commerce, en ne s'occupant que du
gage consenti par un commettant à son commissionnaire
(art. 95), il ne posa qu'une règle spéciale, insuffisante.

Depuis 1808 le crédit commercial s'est développé par
suite de l'extension du commerce lui-même. Ainsi, par
exemple, des commerçants ont devancé la consommation
et ont accumulé des marchandises dans leurs fabriques en
prévision de besoins commerciaux; dès lors, ils ont dû
chercher à engager ces produits pour étendre leur crédit et
pour attendre des époques favorables à leur écoulement. Le
Code de 1808 ne répondant point à ces besoins, la jurisprudence est venue au secours de ces commerçants en
permettant de prouver le gage par tous les modes indiqués dans l'article 109 C. Co. La législation entrant
dans cette voie, a dispensé quelques établissements de
crédit des formalités de la loi civile; la loi du
28 mai 1858 sur les magasins généraux, en organisant
le warrant, a facilité la constitution du gage; enfin la loi
du 23 mai 1863 est venu réaliser un nouveau progrès.

Avant 1863, nous l'avons déjà exposé, le gage ne pouvait, en dehors des formalités du Code civil, être constitué sans péril et d'une manière avantageuse qu'avec
l'aide des warrants ou avec les établissements de crédit
qui jouissaient d'une législation privilégiée; la loi de
1863 a permis de constituer le gage sans aucune forma-

lité, et a appliqué à ce contrat tous les modes de preuve admis pour les affaires commerciales. « Le gage constitué, dit l'article 91, soit par un commerçant, soit par un individu non commerçant, pour un acte de commerce, se constate à l'égard des tiers comme à l'égard des parties contractantes. »

La loi de 1863 n'a pas modifié la nature du contrat de gage, elle a introduit seulement un mode de preuve plus facile et plus conforme aux besoins et aux habitudes du commerce. Depuis cette loi, le gage est toujours un contrat réel par excellence, parfait par la tradition de l'objet au créancier; la loi nouvelle a soin de le dire : « La condition fondamentale du gage, dit l'exposé des motifs, c'est que l'objet donné en nantissement soit sorti de la possession du débiteur pour entrer dans celle du créancier. »

Voici en quoi consiste l'innovation : il ne suffit pas de constituer un nantissement, il faut le prouver, et la preuve doit être faite par l'une des parties contractantes, tantôt à l'égard et contre l'autre partie, tantôt à l'égard et contre les tiers. Dans les rapports des parties entre elles, la preuve a toujours été soumise aux règles du droit commun, la jurisprudence a toujours été d'accord avec la doctrine à cet égard ; c'est-à-dire qu'en matière civile le gage se prouvait, comme il se prouve encore, conformément à l'article 1322 et suivants du Code civil, et en matière commerciale, conformément à l'article 109

C. Co. : la loi de 1863 n'a apporté aucun changement sur ce point. Mais dans les rapports avec les
tiers, le créancier gagiste ne pouvait prouver le contrat
qu'au moyen de l'acte authentique ou de l'acte sous seing
privé enregistré, tant en matière civile qu'en matière
commerciale (sauf les cas d'application de l'ancien article 93 C. Co.). Il n'en est plus ainsi aujourd'hui en
matière commerciale : la loi de 1863 a, quant à la
preuve du contrat vis-à-vis des tiers, affranchi le commerce des formalités de l'article 2074 du Code civil :
elle lui a accordé les facilités de l'article 109 C. Co.

Appliquons maintenant l'endossement quant à la constitution du gage aux effets de commerce, aux connaissements et lettres de voiture, et aux warrants.

1° Effets de commerce.

Avant 1863, parmi les tribunaux, les uns décidaient
que le nantissement des valeurs négociables pouvait être
établi par l'endossement ; d'autres, au contraire, décidaient que l'endossement destiné à transmettre la propriété ne l'était pas, dans la pensée du législateur, à
constituer un privilége. Le deuxième alinéa de l'art. 91,
révisé par la loi de 1863, décide la question en faveur de l'endossement. « Le gage, à l'égard des valeurs
négociables, peut aussi être établi par un endossement
régulier, indiquant que les valeurs ont été remises en

garantie. On pourra donc désormais, continue l'exposé des motifs, quand il s'agira de valeurs négociables, telles qu'effets de commerce, lettres de change, billets à ordre, toutes valeurs en un mot qui se transmettent par endossement, prouver la constitution de gage, non-seulement par tous les moyens ordinaires, mais encore par un endossement régulier seulement. Comme un simple endossement laisserait indécise la question de savoir si c'est la propriété qu'on a voulu transmettre ou une garantie qu'on a voulu donner, l'endossement doit, pour valoir nantissement et seulement nantissement, exprimer à cet égard la volonté des parties. »

Ainsi, il faut insister sur cette double fonction de l'endossement des effets négociables. D'abord, entre les parties, il réalise l'élément essentiel de la possession : pour que le gage soit parfait, en effet, entre les parties, il faut que le créancier soit en possession de l'objet donné en gage; c'est l'endossement qui opère cette tradition essentielle, et la loi nouvelle n'a rien changé à ce mode de tradition. En second lieu, et ceci est l'œuvre nouvelle du législateur de 1863, l'endossement fait preuve du nantissement à l'égard des tiers : il assure contre eux, au profit du porteur, le privilége du créancier gagiste.

Pour que l'endossement d'un titre négociable donné en nantissement fasse preuve du nantissement à l'égard des tiers, il faut d'ailleurs que le contrat de gage inter-

venu entre les parties ait été fait pour une opération
commerciale. Aux termes de l'article 91 C. Co. nouveau, c'est seulement le gage constitué pour un acte
de commerce qui peut être constaté à l'égard des tiers
comme à l'égard des parties contractantes, conformément aux dispositions de l'article 109. La loi nouvelle
n'a trait qu'au gage commercial. Il n'est pas douteux que
l'endossement fait à titre de garantie pour une opération
civile ne fût insuffisant pour constituer le privilége à
l'égard des tiers. Ce serait toujours, conformément à
notre théorie, par l'endossement, que le nantissement de
ce titre serait effectué, et cet endossement suffirait par
lui-même pour prouver le nantissement entre les parties; mais, à l'égard des tiers, le contrat de gage ne
pourrait être prouvé et produire tous ses effets que si
l'endossement était accompagné d'un acte enregistré conformément à l'article 2074.

La loi de 1863 a dispensé le créancier gagiste, pour
arriver à la vente du gage, de recourir à la justice et
aux formalités de l'article 2078 C. C.; aux termes de
l'article 93 C. Co. nouveau, le créancier gagiste peut,
à défaut de paiement à l'échéance et huit jours après
une simple signification faite au débiteur, faire procéder
à la vente publique des objets donnés en gage. Mais cet
article est inapplicable au gage des titres négociables;
pour les titres, il ne peut être question de vente publique
aux enchères. En conséquence, la loi a accordé au créan-

cier gagiste porteur du billet le droit de recevoir directement le paiement. « Les effets de commerce donnés
en gage sont recouvrables par le créancier gagiste, » dit
l'article 91, *in fine*.

Le droit que confère la loi au créancier gagiste d'opérer le recouvrement de l'effet n'est pas une pure faculté :
ce droit engendre un devoir. C'est ici le cas d'appliquer
le principe de l'article 2080 C. C., qui n'est, du reste,
qu'une règle d'équité, à savoir que le créancier répond
de la perte ou détérioration du gage qui serait survenue
par sa négligence. Le créancier porteur doit se présenter
à l'échéance, et, au cas de refus de paiement, il doit
faire le protêt et le notifier sous la quinzaine (art. 161,
162, 165 C. Co.). On sait que ces formalités sont
nécessaires pour conserver le recours contre les endosseurs.

2° Connaissements et lettres de voiture.

Leur endossement, quant à la constitution de gage
commercial, n'offre aucune particularité, et ce que nous
avons dit des effets de commerce et ce que nous allons
dire des warrants s'applique aux connaissements et lettres de voiture.

3° Warrants.

Inutile de revenir sur le mécanisme des warrants et

récépissés dû à la loi de 1858. Nous allons seulement étudier quelques questions controversées.

Le gage étant, en droit civil comme en droit commercial, un droit réel, qui n'est parfait que par la remise réelle ou symbolique de l'objet engagé, il est certain que c'est l'endossement du warrant qui parfait le nantissement. Tant que le warrant n'est pas endossé, la possession est en suspens; mais dès que l'endossement est opéré, le dépositaire qui, en délivrant à ordre le bulletin de gage s'est engagé à détenir pour le compte de toute personne à laquelle le titre serait endossé, détient désormais pour le compte du cessionnaire du warrant, les conditions du contrat de gage se trouvent accomplies, et le contrat définitivement réalisé.

Le warrant constate que le propriétaire de la marchandise a emprunté une somme que le titre détermine, à une personne qu'il indique, payable à une époque fixée, et qu'enfin la marchandise est le gage du prêt. Les énonciations qu'il contient sont au nombre de cinq : les nom, profession et domicile du déposant, la nature de la marchandise déposée, les indications établissant l'identité et la valeur, le montant intégral en capital et intérêts de la créance, la date de son échéance et les nom, profession et domicile du créancier. (Art. 5, même loi.)

On ne distingue point, en cette matière, si l'endossement est régulier ou irrégulier, comme pour les effets de commerce : nous avons appliqué la distinction

pour ces titres, car si, en principe, l'endossement du récépissé a lieu pour réaliser une cession de marchandise,
il peut aussi n'avoir pour effet que l'exécution d'un mandat, et il est tout naturel de conclure à l'existence d'un
contrat de vente ou à la constitution du mandat, selon
que l'endossement est régulier ou irrégulier. Mais comment appliquer la distinction au warrant, qui est et
ne saurait être que le titre constitutif d'un prêt sur nantissement, à moins de ne pas donner d'effet à l'endossement irrégulier, ce qui serait rigoureux, puisque la loi
n'a pas prescrit ces énonciations à peine de nullité; il
faut lui donner les mêmes effets qu'à l'endossement ré-
régulier, sauf à compléter comme on le pourra au moyen
des preuves autorisées par l'article 109 C. Co., les
énonciations nécessaires qui auront été omises, et à rec-
tifier celles qui auront été altérées.

Après le premier endossement du warrant, la loi impose au cessionnaire une formalité, la transcription sur
les registres du magasin général : « Le premier cessionnaire du warrant, dit l'article 5, doit immédiatement
faire transcrire l'endossement sur les registres du magasin, avec les énonciations dont il est accompagné. Il est
fait mention de cette transcription sur le warrant. » Cette
transcription produit cet utile résultat de permettre à
ceux qui y ont un droit et un intérêt de connaître d'une
manière officielle et authentique l'importance de la
créance dont la marchandise est grevée; elle est encore

utile, indispensable même pour l'application de l'article 6, afin de permettre au porteur du récépissé de retirer la marchandise avant l'échéance de la créance privilégiée, en faisant le dépôt préalable d'une somme suffisante pour couvrir cette créance, capital, intérêts et accessoires légitimes.

Une fois endossé, le warrant constate un contrat accessoire de nantissement et donne au créancier le moyen d'arriver à la vente des objets engagés. Mais il ne faut pas oublier qu'il constate encore le contrat de prêt qui, pour être moins apparent, n'en est pas moins le contrat principal. A ce point de vue, le warrant est un titre de créance, un véritable billet à ordre, « c'est, dit l'exposé des motifs, une sorte d'effet de commerce, avec privilége sur certaines valeurs, qui circule comme tout autre effet de commerce, » et il donne au porteur tous les droits, il lui impose les obligations que sanctionne le titre VIII du Code de commerce, au profit ou à la charge du porteur d'un billet à ordre ordinaire. Le warrant n'est point conçu dans les termes du billet à ordre, mais toutes les énonciations que le billet contient ordinairement se retrouvent dans la rédaction du warrant ; la clause à ordre notamment, et qui produit, comme conséquence, les effets juridiques déterminés par le titre VIII du Code de commerce. Cela explique que la législation du billet à ordre est applicable au warrant, tant qu'elle ne contrarie pas la législation qui régit le warrant en particulier.

C'est ainsi qu'il faut appliquer au warrant, sans aucune difficulté, tout ce qui peut s'appliquer au billet à
ordre dans les articles 129, 135 C. Co., touchant l'é-
chéance ; et aussi les effets de la *solidarité* réglés par
l'article 140, et tout ce qui touche l'*aval*, le *paiement*,
les *droits et devoirs du porteur*, le *protêt* (art. 140 et
177) et la *prescription* (art. 189).

Si le warrant a des points communs avec le billet à
ordre, il a aussi sa législation spéciale. Le porteur du
warrant a des droits et des devoirs qu'on ne saurait as-
similer à ceux du porteur de billet.

Ainsi, quant au recours du porteur, il a, comme le
porteur d'un billet, recours contre tous les endosseurs,
également tenus solidairement envers lui : mais *ce recours
n'est ouvert qu'après la discussion de la marchandise.*
« Le porteur de warrant, dit l'article 9 de la loi, n'a de
recours contre l'emprunteur et les endosseurs qu'après
avoir exercé ses droits sur la marchandise, et en cas
d'insuffisance. » C'est là une dérogation au droit commun, qui autorise le créancier gagiste à poursuivre son
débiteur avant de réaliser le gage. L'article 11 de l'arrêté du 26 mars 1848 se référait au droit commun et
permettait au porteur de recourir, en cas de non-paie-
ment, contre l'emprunteur, l'endosseur ou la marchandise, à son gré. Mais on a considéré que cette disposition compromettait les intérêts du déposant et qu'il ne
serait intéressé à engager sa marchandise que s'il avait

la perspective de dégager son crédit jusqu'à concurrence des objets déposés. « Il est juste, dit le rapporteur, que l'emprunteur qui perd la disposition de sa marchandise, quand il la donne en nantissement, décharge proportionnellement son crédit. » Ce n'est point d'ailleurs une innovation; l'article 2209 du Code civil contient une disposition analogue : « Le créancier ne peut poursuivre la vente des immeubles qui ne lui sont pas hypothéqués, que dans le cas d'insuffisance des biens qui lui sont hypothéqués. »

En faisant au porteur du warrant l'obligation de discuter la marchandise avant de recourir contre ses endosseurs, on ne pouvait plus maintenir contre lui les rigueurs de l'article 165 C. Co., qui exige, à peine de déchéance, que le recours soit exercé dans la quinzaine du protêt. Aux termes de notre article 9, la quinzaine ne court plus que du jour de la vente de la marchandise : « Les délais fixés par les articles 165 et suivants du Code de commerce, pour l'exercice du recours contre les endosseurs, ne courent que du jour où la vente de la marchandise est réalisée. » — D'un autre côté, il n'était pas possible de permettre au porteur d'ajourner indéfiniment la vente, et par là de prolonger indéfiniment aussi son droit de recours contre ses endosseurs : l'article 9, *in fine*, exige qu'il fasse procéder à la vente dans le mois du protêt : « Le porteur du warrant perd en tous cas son recours contre les endosseurs, s'il n'a pas fait procéder à la vente dans le mois qui suit la date du protêt. » — Il faut remarquer que la déchéance de l'article 9 n'est encourue que vis-à-vis des endosseurs ; que le porteur du récépissé ne pourra jamais s'en prévaloir. Sans doute, il peut avoir intérêt à libérer sa marchandise, mais il a la ressource de la consignation.

Comment le porteur peut-il faire procéder à la vente? — L'article 11 de l'arrêté du 26 mars 1848 portait que la vente serait ordonnée par le président du tribunal de commerce. C'était une disposition arbitraire, défavorable au prêteur, qui se trouvait ainsi lié par la décision du juge, et, dans tous les cas, soumis à des lenteurs et à des frais incompatibles avec la rapidité qu'exigent les opérations commerciales. Des décrets du 24 mars et 23-26 août 1848, obvièrent à cet inconvénient en dispensant de l'autorisation judiciaire, pour la réalisation de leur gage, les comptoirs d'escompte et les sous-comptoirs de garantie. La loi de 1858 a généralisé les exceptions en affranchissant tout porteur de warrant de toute formalité de justice. Article 7 : « A défaut de paiement à l'échéance, le porteur du warrant séparé du récépissé peut, huit jours après le protêt, et sans aucune formalité de justice, faire procéder à la vente publique, aux enchères et en gros, de la marchandise engagée, dans les formes et par les officiers publics indiqués dans la loi du 28 mai 1858, sur les ventes publiques de marchandises en gros. » — Ainsi les formalités sont aujourd'hui bien simplifiées : il suffit d'attendre l'expiration de la huitaine à partir du protèt ; après ce délai, la vente est faite aux enchères par les courtiers de commerce, et en conformité aux dispositions de la loi sur les ventes publiques de marchandises en gros.

Timbre et enregistrement des warrants. — Aux termes de l'article 13, § 2, de la loi de 1858, les warrants sont timbrés au droit proportionnel de 0,50 cent. par 100 fr. La loi des 23-25 août 1871 a excepté, d'une manière implicite, de l'élévation des droits du timbre et d'enregistrement les titres dont nous nous occupons : « Article 2. Il est ajouté deux décimes au principal des droits de timbre de toute nature. — Ne sont pas soumis à ces deux décimes : 1° les effets de commerce spécifiés en l'article 1er de la loi du 5 juin 1850, dont le tarif est porté au double par l'article 2 de la même loi, etc... » Or, les récépissés et les warrants sont compris dans l'article 1er de la loi du 5 juin 1850 ; l'article 13 de notre loi dit en effet : « Sont applicables aux warrants endossés séparément des récépissés, les dispositions du titre 1er de la loi du 5 juin 1850... » Pour assurer ces droits de timbre, l'article 13, § 3, dispose que le warrant non timbré ou non visé pour timbre ne peut être transcrit ou mentionné sur les registres de magasin, sous peine, pour l'administration de ce magasin, d'une amende égale au droit auquel le warrant est soumis. Le § 4 du même ar-

ticle dispose que les dépositaires des registres seront tenus de les communiquer aux préposés de l'enregistrement, selon le mode prescrit par l'article 54 de la loi
du 22 frimaire an VII et sous les peines que cette loi
contient. — Dans la pratique, l'accomplissement de
cette formalité, grâce à une loi des finances du 2 juillet
1862, est rendue facile par l'apposition sur les warrants
de timbres mobiles que l'administration de l'enregistre-
mant est autorisée à fabriquer et à vendre. — Les warrants sont enregistrés au droit proportionnel de 0,50 c.
par 100 fr. (Art. 13, 3°.)

POSITIONS.

DROIT ROMAIN.

1. — Si le débiteur cédé qui a eu connaissance de la cession d'une manière quelconque, soit directement, soit indirectement, paie le cédant, peut-il repousser les actions du cessionnaire? — Non; il faut que la cession lui ait été dénoncée formellement (*contra*, *lex* 17. D., *de Trans.*, 2, 15).

II. — Le système des actions utiles n'a pas changé le principe suivant lequel le cessionnaire est considéré comme le représentant du cédant. (Lois 4, C., *Quando fiscus*, 4, 15; — 18, C., *de Legat.*, 6, 37.)

III. — L'action d'injure est cessible.

IV. — Il est inexact de dire que les actions populaires sont toujours incessibles.

V. — Le débiteur cédé peut opposer au cessionnaire le dol du cédant.

DROIT FRANÇAIS.

CODE CIVIL.

I. — La clause pure et simple de garantie n'entraîne pas la garantie de solvabilité; elle n'ajoute rien à la garantie de droit.

II. — En cas de garantie de solvabilité future du cédé, le cessionnaire non payé perd tout recours contre son cédant, s'il a, par son fait, ou même par sa simple négligence, diminué ou laissé diminuer les sûretés qui garantissaient le paiement.

III. — L'effet rétroactif du partage ne s'applique pas aux créances : elles se divisent de plein droit entre les héritiers, et l'attribution dans le partage de la totalité de l'une d'elles à l'un des cohéritiers, constitue une véritable cession faite par les autres.

IV. — Les simples quittances n'ont pas besoin d'avoir date certaine pour être opposables aux tiers.

V. — Dans le cas d'une créance cédée par un étranger à un Français, ce dernier peut se prévaloir du bénéfice de l'art. 14 C. C.

CODE DE COMMERCE.

I. — L'article 138 du Code de commerce établit une

présomption qui peut tomber devant la preuve contraire, mais seulement à l'égard des parties et non à l'égard des tiers.

II. — Les sommes consignées conformément à l'article 6 de la loi du 28 mars 1858, sont aux risques du porteur du warrant dans ses rapports avec le porteur du récépissé, et aux risques du déposant emprunteur dans les rapports de ce dernier avec le porteur du warrant.

III. — La transcription du warrant n'est pas essentielle à la constatation du gage, comme avant la loi de 1863.

IV. — L'endossement du warrant dans les délais déterminés comme étant l'époque de la cessation des paiements, est nul.

CODE PÉNAL.

I. — L'antidate d'une lettre de change constitue-t-elle le crime de faux prévu dans l'article 139 du Code de commerce? — Non.

II. — La légitime défense ne peut pas résulter d'attaques contre les biens.

CODE DE PROCÉDURE CIVILE.

I. — Une créance saisie n'est pas frappée d'incessibilité.

II. — La signification du transport faite par le cessionnaire au débiteur cédé après une saisie-arrêt lui donne le droit de concourir au marc-le-franc avec le saisissant sur la créance ; et il en est ainsi alors même que la cession est postérieure à la saisie.

III. — Les saisies-arrêts, faites après la signification de la cession, ne produisent aucun effet.

DROIT ADMINISTRATIF.

EXPROPRIATION POUR CAUSE D'UTILITÉ PUBLIQUE.

I. — Le Jury d'expropriation ne peut autoriser l'abandon sans indemnité d'une parcelle de terrain à l'administration expropriante, sous le prétexte d'une plus value équivalente du dommage causé.

II. — La loi du 23 mars 1855, sur la transcription, n'a pas abrogé l'article 17 de la loi du 3 mai 1841.

Vu par le Président de la thèse :

B. LANUSSE.

Vu par le Doyen de la Faculté de droit.

A COURAUD.

Vu et permis d'imprimer :

Le Recteur,

SEGUIN

TABLE DES MATIÈRES.

Bordeaux. — Imp. Delmas

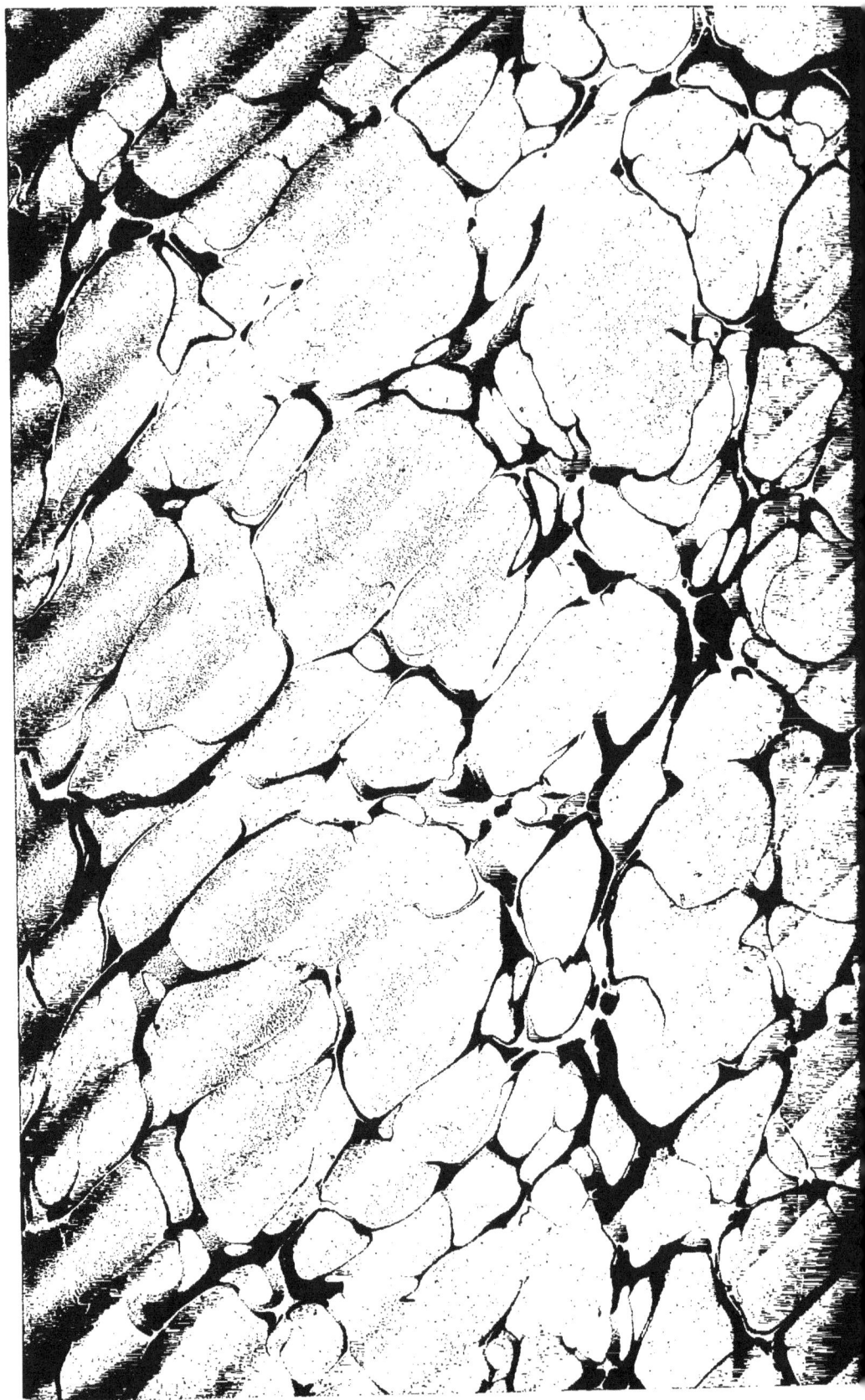

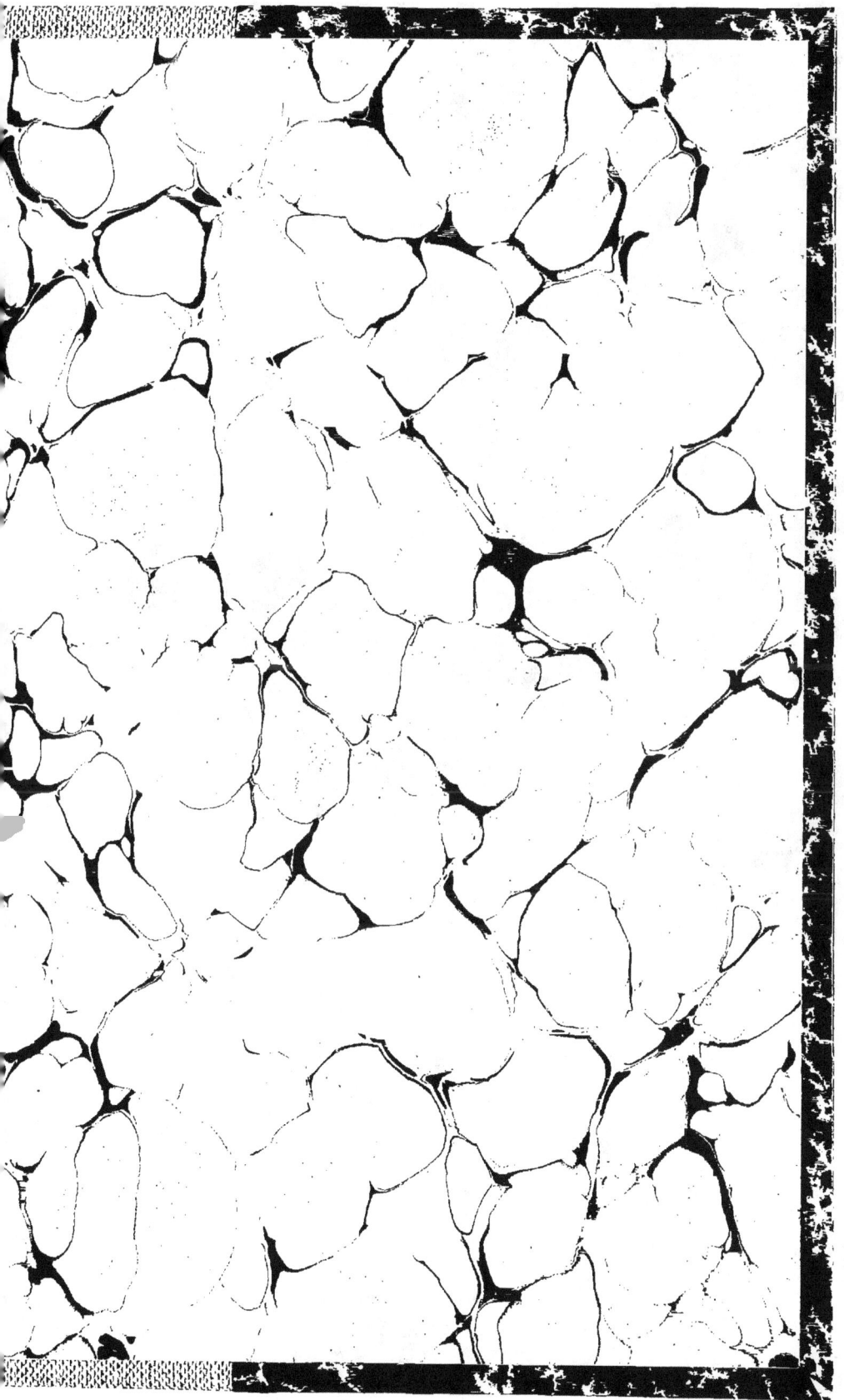

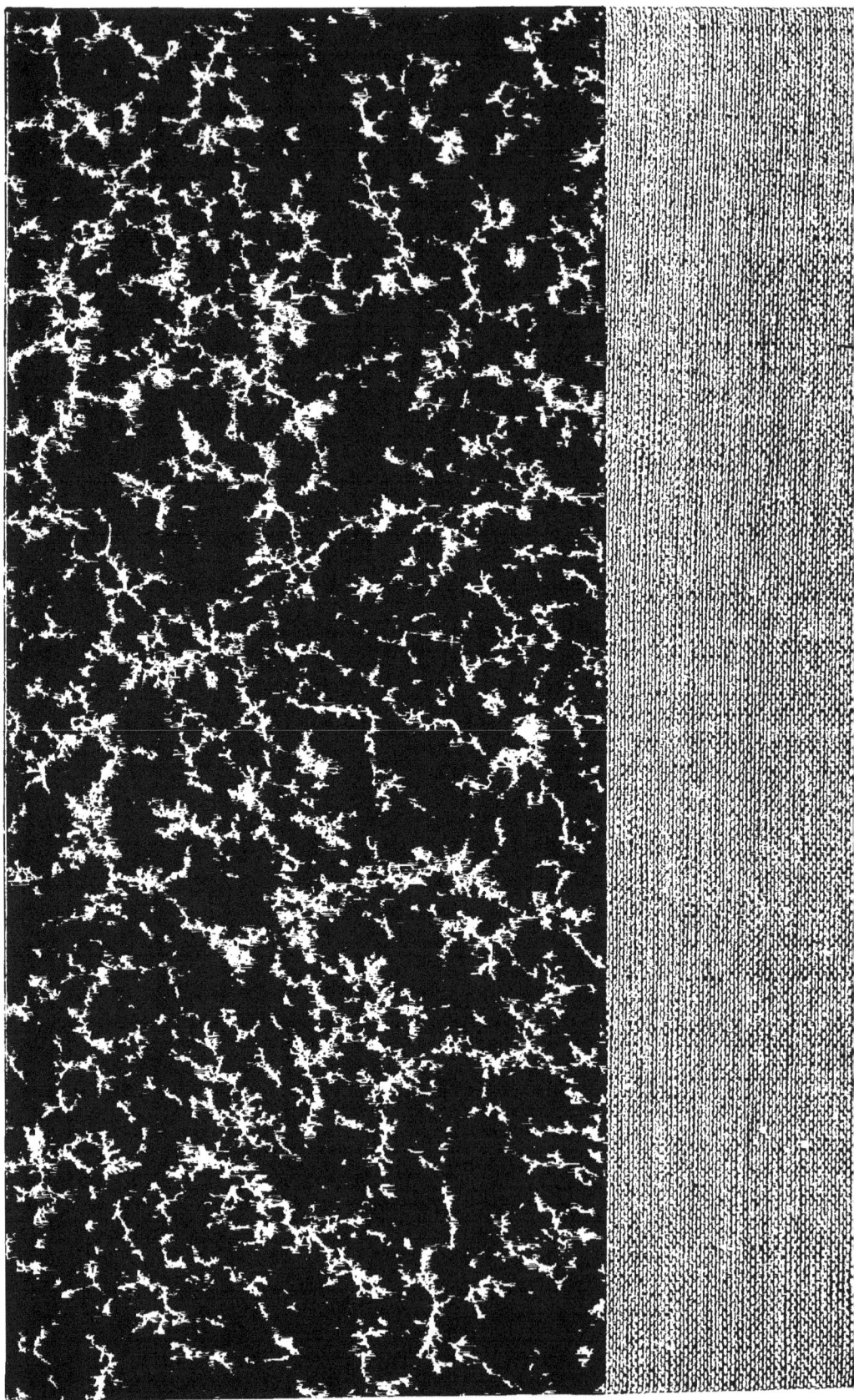

www.ingramcontent.com/pod-product-compliance
Lightning Source LLC
Chambersburg PA
CBHW050107210326
41519CB00015BA/3860